いちばんおいしい家カレーをつくる

水野仁輔

はじめに

〝究極のカレー(ファイナルカレー)〟とは

こんにちは。水野仁輔《みずのじんすけ》です。

僕は普段、ずうっと、カレーのことを考えています。

カレーについての本も、これまでに40冊以上出版していますし、それどころか、自分の好きなカレーの本を出すためにカレー専門の出版社まで立ち上げてしまい、これまでに50冊以上のカレー本を自費出版してきました。

カレーの魅力は、みなさん御存知の通り、おいしいことです。そしてもうひとつの魅力は、いろんなカレーがあること、つまり、バリエーションが豊富なことです。だから、僕達もずっと飽きずに、カレーについて追求していけるのです。

よく取材などで、いちばんおいしいカレーのレシピを教えてほしいと聞かれます。僕はその質問には、**「あなたはどんなカレーが好きなんですか?」**と逆にこちらから質問することにしてきました。自分の好きなカレーが、そのひとにとっていちばんおいしいカレーだからです。それに、僕に言わせれば、すべてのカレーはおいしいのです（もうすこし正確に言うと、どのカレーにもいいところがある、ということです）。

……という前提があったのですが、この本の企画打合せで編集者から、「それはそうなんでしょうけど、現時点の水野さんのイチ推しのレシピを教えてもらうことはできませんか？　**日本人の好きの最大公約数になるカレー**、水野さん、わかってるんじゃないですか？　これだけカレーを研究してきた水野さんがイチ推しの、**家で普通につくれる、最高においしいカレーのレシピ**、みんな知りたいはずですよ！」と言われました。

なるほど。そう言われると、ちょっと悩んでしまいました。

たくさんのカレーとおうちでつくれるたったひとつのカレー

今回は、おうちでできる最高のカレーを考えるにあたって、発想を転換しました。おいしいカレーの方程式をひっくり返してみたんです。

どういうことか。そもそも、おいしいカレーとは何か？は、人によって違います。だから、10人いたら、10通りのおいしいカレーがある。

でも、10人のために30種類のカレーのレシピを提案しても、その10人が30種の中からとっておきのひと皿にたどり着ける保証はありません。しかも、30種類も試してみるほどヒマではありません。

つまり、おいしいカレーは星の数ほどあるから、自分のベストを見つけるのは大変だけれど、**おいしいカレーをつくるためのコツは限られている。だったら、有限のコツを詰め込んだカレーを1種類だけ紹介すればいいんじゃないか**、ということです。

ここで大事になるのは〝材料〟以上に〝つくり方〟のほうだと思います。おいしくするためにどんな材料をどのくらい使うのかは、好みによるところも大きい。でも、どう調理するかのコツは普遍的なものなのです。おいしいカレーをつくってコツを覚えるのではなく、コツを覚えておいしいカレーをつくりましょう。

たとえば、ひとつのコツを活かしたカレーを7種類覚えるよりも、7種のコツを詰め込んだカレーを1種類覚えたほうが得した気分になりますよね。なにより効率がいい。効率がいいことはみんなが好きなことです。非効率なことは僕がこれまで自分自身のカレーライフの中でいくらもやってきましたから、その努力と失敗の数々を糧に〝いいとこどり〟をしたレシピを開発することができるというわけです。

家庭でできる3つの究極のレシピ

この本で紹介するカレーは、おうちでつくることを前提にしています。しかも、できるだけ多くの人につくってもらいたい。「とにかくカレーが大好きだ！」という人だけでなく、「たまにはカレーもいいよね」くらいの人にもとびきりおいしいカレーが自分でつくれることを体感してもらいたい。だから、**特別な材料は使いません**。お金もそんなにかかりません。玉ねぎをつきっきりで炒め続けるとか、2時間、3時間かけて煮込むとか、ひと晩寝かすとか、眉間にしわが寄ってしまうような手間もかけません。

ただ、ちょっとした工夫やコツを覚えることで、なんでもないようなカレーがとびきりおいしくなる。素敵じゃないですか。ひと皿のカレーが出来上がるまでに、その工夫やコツが次々と登場するんです。そのすべてをみなさんに余すことなく伝えるための究極のレシピを3つ、お伝えします。

1つ目のレシピは、みなさんになじみの深い、**牛肉とカレールウをつかった「欧風カレー」**。特徴は、トロッとしてうま味やコクがあります。つくり方は、野菜を刻んで煮込んで、カレールウを入れればできあがりというものとは違います。カレールウを入れる前にすでにおいしいスープをつくるのがポイントなんです。カレー好きでない人も、お子さんが食べても、誰もが口をそろえておいしいというカレーです。

2つ目は、**鶏肉とスパイスをつかった「インドカレー」**です。香り高くて刺激的なカレーです。スパイスが食材の持ち味を引き立てるから、シンプルでストレートな味わいなのに奥深いおいしさがあります。カレールウを使わないので、なんだか大変そうに思えるかもしれませんが、使うスパイスは4つだけ。だけど、とってもおいしくて、毎日食べても飽きないカレーです。

そして、3つ目は、**欧風カレーとインドカレーのいいとこどりをした、「ファイナルカレー」**です。

日本人が大好きなとろっとした欧風カレーのよいところと、スパイスをつかったさわやかで本格的な風味を合わせています。お肉は、梅酒で下味をつけた豚肉をつかうんです。

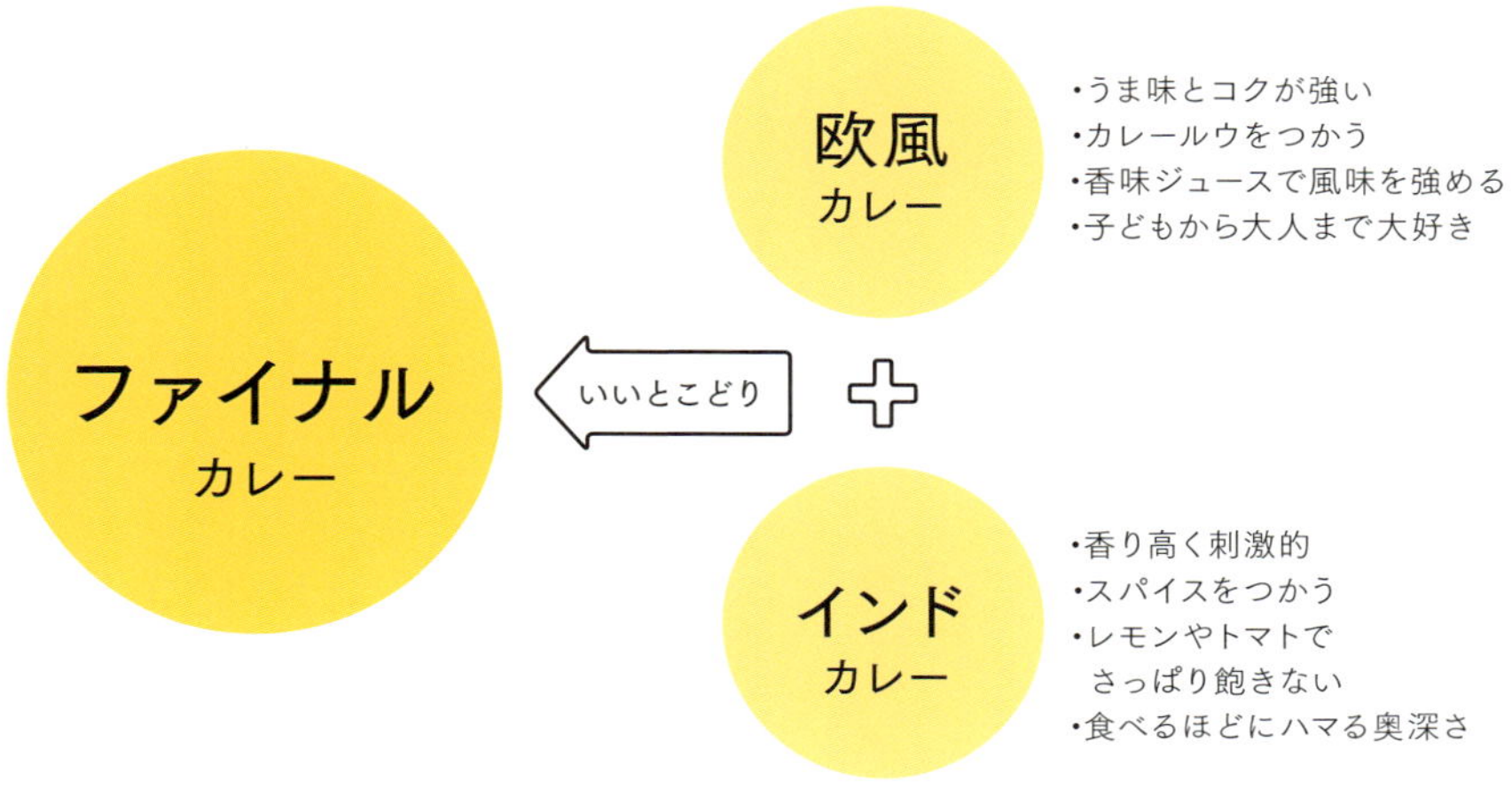
欧風
カレー
・うま味とコクが強い
・カレールウをつかう
・香味ジュースで風味を強める
・子どもから大人まで大好き
インド
カレー
・香り高く刺激的
・スパイスをつかう
・レモンやトマトで
さっぱり飽きない
・食べるほどにハマる奥深さ
いいとこどり
ファイナル
カレー

そんなカレーを〝**究極のカレー（ファイナルカレー）**〟と呼ぶことにしました。

現時点で僕が知っているすべての技術を詰め込んだ究極にして、普通の材料でこれ以上おいしくつくれないという意味でファイナルです。このカレーがみなさんにとって、究極のひと皿になったらうれしいなと思います。

あ、途中で調理器具についてもお話しますよ。おうちでつくるんですから、道具選びにもポイントがあります。取り入れられる範囲でぜひ参考にしてくださいね。

最後に付録として、ひとつひとつ、身近なスーパーでも買える、材料選びについてお伝えします。長年僕がいろんなところでつちかった経験は、そういう身近なところから始まります。

ファイナルカレーのあとに続く2つの道

ファイナルカレーは最終到達地点ですから、このカレーがひと皿だけつくれれば十分ではあるのですが、やっぱり基本のインド風と欧風の2種類のカレーにも挑戦して、おいしくつくれるようになってほしい。

そうすることで、ちまたの色んな種類のカレーのことがよくわかって、あ、やっぱりこってりしたカレーが好きだな、とか、スパイシーなカレーじゃないと物足りないという具合に、自分の好きなカレーのことがわかるようになってくるはずです。自分のいる〝位置〟を把握できるし、**みなさんのカレー観が一新するはずです。**

そうしてとびきりおいしいカレーライフを送れるようになったら、次に歩むことになる道は、おそらく2通りあるんじゃないかな。

ある人は、カレーの奥深い魅力にどっぷりとハマってしまい、例えばスパイスを買い集めたり、週末ごとにキッチンに立ったり、カレー屋さんを食べ歩いたりするようになる。ようこそ、カレーの世界へ。この場合は、僕とも当分、長い付き合いになるかもしれません。

またある人は、「カレーのことはもうわかった！」と満足し、サクッと別のジャンルに興味を移す。さ

よなら、また会う日まで。これもありですね。究極のカレーという素晴らしいレシピを手に入れたわけだから、どこへ行っても人気者になれることは約束されています。

「カレーね、まあまあ好きですよ」とか、「一時期ハマったことがあったなー」なぁんて言いながら、とびきりおいしいカレーを披露しちゃったりして、ああ、ズルい……。

その場合は、水野に教わったことは隠しておきましょう。

日常にあるカレーを楽しくつくり、おいしく食べたいみなさんにとって、このカレーが究極のひと皿になったらうれしいなと思います。

では、始まります。

いちばんおいしい家カレーをつくる

水野仁輔

目次

MINI COLUMN

◎ 大さじ1は15ml、小さじ1は5ml、1カップは200mlです。
塩「少々」は、親指と人差し指で摘んで取れる分量（約0.5g程度）です。

◎ 塩は自然塩を想定しています。粗塩の場合、計量スプーンで計っても塩分濃度が足りない可能性があります。その場合、最後に適量を加えて調整してください。

◎ 火加減の目安は、以下の通りです。
強火：鍋底に炎が勢いよくあたる程度
中火：鍋底に炎が届く程度
弱火：鍋底に炎がギリギリあたらない程度

初出

cakes（ケイクス）
二〇一六年八月一七日〜二〇一六年十一月二日配信
連載時の原稿に大幅に加筆修正をしました。

1章

欧風カレーをつくる

●○○

欧風カレーとは

欧風カレーと聞くとどんなカレーを想像しますか？イメージ的に一番しっくりくるのは、ホテルのレストランで出てくるビーフカレーのようなものかもしれません。グレービーボート（ソースポット）に入った状態でライスとは別に提供されるカレー。ちょっとリッチな味わいがする高級なカレー。

欧風とは、ヨーロッパ風ということです。ところが、ヨーロッパにカレー文化は存在しません。それなのに、日本には欧風カレーなるものが存在する。ややこしい。しかも、かなりの人気なんです。不思議ですね。**欧風カレーの特徴は、うま味やコクが効いていることと、ほどよくとろみがあってのど越しが重たいこと。**

ただホテルで食べるカレーだけが欧風カレーというわけではありません。たとえば、洋食屋さんのカレーもそうだし、学校給食で食べるカレーもそうだし、日本人なら誰でも知っている、全国各地に１３００軒以上あるあのカレーチェーン店のカレーも欧風カレー。なにより、日本で一般的にみんなが家庭でつくって食べているカレーは、欧風カレーなんです。カレーのルウでつくる、おなじみのあのカレーですね。

すなわち、**欧風カレーとはジャパニーズカレーのこと**を言います。こうなってくると混乱してきますね。いったい、欧風カレーというのは何者なんだ⁉︎と。世の中のカレーはすべて欧風カレーということじゃないか、と。

たとえば、インドカレーと欧風カレーは何が違うんでしょうか？　調理テクニック上、**最もわかりやすい違いは、小麦粉を使うか使わないか**。欧風カレーはたいてい小麦粉でとろみを強めています。

また、インドカレーが香りと素材の味わいを重視するのに対して、欧風カレーはうま味とコクを重視します。うま味は、ブイヨンなどのだしによるものです。コクは、各種隠し味から生まれます。玉ねぎをしっかりと炒めて味を凝縮させることも肝心。結果、濃厚な味わいが生まれ、ご飯が進みます。

カレールウでとびきりおいしいカレーを！

意外に思うかもしれませんが、実は、**市販のカレールウでつくるカレーは、これらの要素を兼ね備えています。**煮込んだ鍋にポトリと落として溶かし混ぜるだけであらゆるおいしさの要素が一気に生み出せる。オールマイティーなアイテムです。だから、ルウカレーはおしなべて欧風カレーの範疇に入る。

そんな便利なルウを使っているにもかかわらず、さらにおいしいカレーをつくりたいと僕たちは考えます。わがままですね。でも、それができるんだからやらない手はない。実践してみましょう。このレシピでは、家庭でつくるカレーの領域におさまらない、とびきりおいしいカレーをつくることが目指すべきゴールです。

ポイントは、**香味野菜を炒めてベースのおいしさを強めること。特に玉ねぎをどう加熱するかが大事。**大きく切って蒸し焼きにし、表面をこんがり色づかせていく手法を伝授します。芳ばしい香りと甘味とうま味がおいしいカレーのベースをつくるのです。それから**隠し味を上手に使って煮込むこと**。市販のカレールウにはすでに隠し味がいろいろと入っていますが、さらに追加する。ただし、厳選したいくつかだけを使います。

市販のルウを使ってこの味ができるのか！という驚きを体験してほしい。このカレーがつくれればきっと満足できますよ。

毎日食べられる、みたいな軽やかなカレーもいいですが、ハレの日のカレーというリッチな気分を味わいたいときにぜひつくってみてください。

欧風カレーの

材料

【材料】 4皿分

油……大さじ2
赤唐辛子（半分に折る）……1本
玉ねぎ（くし型切り）……2個（400g）
塩・こしょう……少々
香味ジュース
- にんにく（すりおろし）……1片
- しょうが（すりおろし）……1片
- にんじん（すりおろし）……1/2本
- セロリ（すりおろし）……1/2本
- 水……200ml

バター……10g
牛肉……400g
赤ワイン（水でも可）……100ml
水……250ml
隠し味
- しょう油……小さじ2
- はちみつ……小さじ2
- ローリエ（あれば）……2枚

カレールウ……4皿分弱

欧風カレーの

手順

【つくり方の概要】

その1　下ごしらえ ▶P20

・玉ねぎをくし型切りにする。
・香味ジュース(にんにく、しょうが、にんじん、セロリ)をつくる。
・牛肉に塩こしょうをする。

その2　炒める ▶P24

・鍋に油を熱し、赤唐辛子を中火で炒める。
・玉ねぎを強火で炒めつつ混ぜ合わせ、
　フタをして強めの中火で５分ほど蒸し焼きにする。
・フタをあけて強火にして、全体が濃い茶色に色づくまで
　５分ほど炒める。
・香味ジュースを加えて水分が完全に飛ぶまで強火で炒める。
・別のフライパンにバターを熱し、牛肉を強めの中火で炒める。
・赤ワインを注いでフライパンの中をこそげおとし、鍋に加える。

その3　煮込む ▶P30

・水を半分ずつ注いで煮立てる。
・弱火にして隠し味を加えて混ぜ合わせる。
・フタをして、弱火で45分ほど煮込む。
・火を止めてカレールウを溶かし混ぜる。
・再び加熱して１～２分、ほどよいとろみがつくまで煮る。

完　欧風カレーのできあがり！ ▶P34

◀◀くわしいつくり方は次ページから

下ごしらえ

玉ねぎを切る

1 ｜ 半分に切って皮をむく

玉ねぎ2個を皮つきのまま縦に半分に切り、根本の部分を切り取る。その後、根本から皮をむいて、頭の部分を切り落とす。ここまではどの切り方も同じ。

玉ねぎをどう切るか

玉ねぎの切り方はメジャーなものでいえば、〝みじん切り〟、〝スライス〟、〝くし型切り〟などがあります。どんな風に切ってもいい、というわけじゃない。玉ねぎの役割によって切り方は変わります。切る前に決めたいのは、玉ねぎをどうしたいのか。

選択肢は大きくふたつ。

2 くし型切りにする

半分にした玉ねぎをさらに半分の1/4に切ったら、根本の小さな部分を取り出す。外側をさらに３つに切り分けて、くし型に切る。切り分けたら１枚ずつバラバラに切り離しておきましょう。

POINT
ひとつひとつ
手で切り離して

「ベースにする」か、「具にする」か、です。ベースにしたければ、玉ねぎは加熱後につぶれてほしい。だから、みじん切りやスライスなど細かく切ることになります。

今回の欧風カレーでは、いきなり秘技を披露します。

くし型切りの玉ねぎを炒めることで、「ベースと具のふた役を演じてもらう」。

欲張った考え方ですが、可能なんです。これは今までのカレー界で、誰も提案しなかった新手法。炒めのプロセスでくわしく説明します。お楽しみに。ひとまず、くし型に切っておいてください。

香味ジュースをつくる

3 材料を切る

にんにく1片としょうが1片は包丁の腹で潰して、にんじん1/2本とセロリ1/2本は乱切りに。ミキサーに入れるので、適当でだいじょうぶ。

4 水を入れる

ミキサーに入れる水は200ml、材料がひたるぐらい。気持ち少なめで、後で足してもOK。

5 ミキサーにかける

野菜ジュースよりも少しとろみが強いくらいの状態がベスト。ミキサーやブレンダーがない人は、おろし金でおろして水と合わせればOKです。

味と香りの香味ジュース

〝香味ジュース〟なんていうものは世の中にはありません。造語ですから。でも、カレーがおいしくなりそうな響きだと思いませんか？　実はこれ、チキンブイヨンを取るときなどに煮込む香味野菜と同じものです。

カレーは香りと味を楽しむ料理なんです。その両方がこのジュースで生まれます。

しょうがとにんじんは皮がついたままでＯＫ。皮と身の間においしさと栄養分が詰まっていると言われていますから。

牛肉の下ごしらえ

6 ひと口大に切る

牛肉400gは、煮込むと小さくなるので気持ち大きめに切る。スーパーでシチュー用に売っているものがあればそのまま使えて便利です。もし、肉の表面に血(ディップ)がにじみ出ていたら、クッキングタオルなどでふき取っておく。

7 塩こしょうをする

塩を振る量は、基本的には肉の重さに対して1%(今回は4g)以下くらいが目安。でも、さすがに少量の塩を計るのは大変なので、「少々」と覚えておきましょう。

POINT
脂肪分の多い肉は早めに塩を振る

塩こしょうはタイミング

「肉に塩」というのは、なかなか大事な作業です。塩を振ると浸透圧の効果によって肉の中にある余計な水分が抜けます。すると、臭みが抜け、味が凝縮されるんです。

塩を振るタイミングは、脂肪分の多い肉ほど早めにしたほうがいい。でも塩を振って時間を置きすぎると身が縮まってしまう。

このカレーをつくる時なら、玉ねぎを切って香味ジュースをつくったあたりで塩こしょうをしておけばちょうどいいでしょう。

炒める

赤唐辛子を炒める

POINT
鍋の上で半分に割れば中の種をとりこぼさない

1　種ごと黒くなるまで炒める

鍋に油を熱し、赤唐辛子１本を、半分に割って、中の種ごと炒める。この種はすごくいい辛みと香りを持ってます。殻は表面がかなり黒ずむまできっちり火を通すことで、香ばしい香りが生まれます。

カレーは炒め料理

「カレーは煮込み料理だ」ととらえられてきました。でも、基本的にここからずっと素材を炒めていきます。水気をしっかり飛ばすことで、素材のうま味を凝縮するのです。

まずは赤唐辛子を殻が黒くなるまできっちり炒めます。そうすることで、香ばしい香りが生まれるのです。

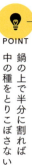

玉ねぎを炒める

2 塩をふって蒸し焼き

くし型切りの玉ねぎに、塩少々を振ってフタをし、強めの中火で５分ほど蒸し焼きに。これで、玉ねぎの水分をある程度出すんですね。鍋の材質によって火の入り方が違いますから、心配ならときどきフタを開けて確認してください。加熱と塩の浸透圧の効果で、玉ねぎは出てきた水分によってしんなりしてきます。

POINT
２分ほどでフタを押さえてあおる

3 フタを開けて強火で焼く

フタを開けて強火にし、５分ほど表面をこんがり焼き付けていく。この過程で甘味は自ずと引き立ち、こんがり色づいたところに新たなうま味が生まれます。

玉ねぎ炒めのいいとこどり

カレーに玉ねぎを加える狙いは、ベースにしてうま味を加えるか、具として味わうか。このいいとこ取りをする方法が、これ。塩をふって蒸し焼きにしてから、フタを開けて、こんがり炒めるのです。

表面が削れてうま味に変わった状態で、具として味わう〝身〟の部分も残る。要するに〝玉ねぎの外側〟をうま味に変身させ、〝玉ねぎの内側〟を具として利用するんです。レベルの高い〝脱皮〟をさせるというわけです。簡単だけど高度な調理法です。

MINI COLUMN

なぜ玉ねぎをアメ色になるまで炒めるのか

そもそも玉ねぎのおいしさって、なんだと思いますか？　ほとんどの人が甘味やうま味と答えるでしょう。その通りです。

では、質問。

Q・玉ねぎの甘味を引き出すためには どうしたらいいですか？

答えは、「炒める」ことです。そんなことわかってるよ、と言われそうですね。でも、玉ねぎについて多くの人が知らないことがあります。それは、「玉ねぎの糖度は加熱しても変わらない」ということです。

生玉ねぎもアメ色玉ねぎも糖度は同じなんです。え!?と思いませんか？　じゃあ、なぜ、玉ねぎを炒める必要があるんだろう……。それは、甘味を感じやすくするためなんです。生の玉ねぎには、甘味のほかに辛みや酸味、苦味などが含まれています。これらが炒めたり煮たり、など加熱することによって薄れていく。そうすると相対的に甘味を強く感じるようになる、というわけです。

ただ、アメ色にしなくても玉ねぎがしんなりくずれてほんのり色づく程度でも十分な甘味は感じられます。

では、次の質問。

Q・玉ねぎのうま味を引き出すためには どうしたらいいですか？

こちらは答えが難しいんじゃないでしょうか。答えは、やはり「炒める」ことです。同じ炒めるでも狙いが違う。うま味を生み出す場合に注目したいのは、玉ねぎの表面です。表面をこんがりと焼きつける。それを玉ねぎ自身の持っている水分で溶かしていく。溶けだした汁は透明ではなく、ほんのり茶色に濁っていて、これがうま味になります。

難しい言葉で表現すれば、メイラード反応といいます。アミノ酸と糖分の両方が化学反応を起こすこと。肉のリソレと同じだと考えてください。肉を煮込む前に表面をこんがり焼きますよね。水分と合わせて煮込み始めたとき、こんがりした肉の表面が水分に溶け出してうま味が強くなる。あれを玉ねぎでやるわけですね。ただ、玉ねぎのすごいところは、繰り返せるという点です。肉は一度焼いたら終わり。でも玉ねぎは表面をこんがりさせたら溶かして、焼き色が薄れた表面を再びこんがりさせて溶かす。まるで金太郎飴のように、何度もうま味を生み出すことができるんです。素晴らしきかな、この魔法のアイテム。

玉ねぎをアメ色に炒めるとおいしくなるのは、このプロセスを極限まで繰り返した結果、「もうこれ以上うま味は出せません!」と玉ねぎが降参している状態なわけです。

◀
このぐらいで
十分甘い

◀
焦げ茶色になっても
苦くはなく、
甘くて香ばしい

香味ジュースを加えて炒める

4 香味ジュースを加える

玉ねぎから抽出されたおいしさを増幅、定着させるために香味ジュースを加えて強火で炒めましょう。とろっとしたこのジュースには、香味野菜の風味がたっぷり含まれてますが、少々青臭いのが玉にキズ。だから、炒めることで青臭さを飛ばしてあげるんです。

POINT

全体がねっとりしたペースト状になるまで

5 水気が飛ぶまで炒める

目安はジュースが持っている水分が飛ぶまで。全体がもったり、ねっとりとしたペースト状になったところで、香りの変化を確認してみてください。あら、不思議。青臭さが飛んで香ばしさが残り、さらには玉ねぎのうま味とあいまって、おいしいカレーの素ができあがり。

炒めるポイントは脱水！

炒めるプロセスで最も大事なのは、「脱水」です。とにかく水分を抜くことを心がける。そうすることで、味が凝縮されてメリハリがきくんですね。

実は、カレーをつくるのが上手な人とそうでない人の差が最も出やすいのはこのポイントです。

なぜ水分を飛ばしながら炒めるのに、香味ジュースであえて水分を加えるのか。そのほうが玉ねぎの形がつぶれてより凝縮した味わいを生み出しやすくなるからです。

ここが肝心。気を抜かず、頑張りましょう。

牛肉を炒める

6 バターでじっくり炒める

バター10gで牛肉をフライパンで炒める。火力を強めるとバターが焦げてしまうので、強めの中火でじっくり炒めていく。あまり動かさず、表面を焼くように炒めることで、肉の表面が焦げて、生の状態にはなかったうま味が生まれます。

POINT
あまり動かさず、表面に焦げ目をつける！

7 赤ワインを注ぐ

肉に焦げ目がついたら、赤ワイン100mlを注ぐ。フライパンの中には、肉のほかにバターの脂肪分と肉汁が混ざり合って香ばしく加熱されたエキスが出ています。これを逃しては、欧風カレーが泣きます。グツグツと煮立ててアルコール分を飛ばしつつ、そのすべてを鍋の中へ移し替える。

肉のうま味は閉じ込められない

よく肉を焼くときに「表面を焼き固めてうま味を閉じ込めます」という表現が使われますが、あれは嘘です。間違えないでくださいね。

肉の表面を炒めても焼いても肉のうま味を閉じ込めることはできません。その証拠にこんがりした肉を菜箸か何かで押したりつまんだりしてみてください。肉汁があふれ出しますよ。肉のリソレは〝うま味を閉じ込める〟のではなく、〝うま味を生み出す〟作業なんです。

煮込む

水を加える

POINT
一度に入れない

1 水を小分けに注ぐ

水250mlは一気に入れず、何度かにわけて煮立てながら入れます。ポットからお湯を注げば、時短に。

2 煮立てる

煮立てる、というのはとっても大事。表面がポコポコ、グツグツするまでいったん煮込みます。

あとは煮込むだけ

いよいよ煮込みに入ります。ここから先のプロセスでは、たいしたテクニックは必要ありません。火加減だけ気をつけて、あとは適正な時間をかけるだけ。鍋を火にかけて待てば煮込みは勝手に進んでくれるわけですから。

すなわち煮込むよりも炒めるほうがずっと大事なんです。

隠し味を加えて煮込む

3 火を弱めて、隠し味を加える

煮立ったら火を弱めて、しょう油小さじ２とはちみつ小さじ２、そしてローリエ２枚を加える。ローリエは、加えて煮込むだけで、思わず目を閉じてしまいたくなるほどいい香りが漂ってきます。加えたら少し味見をしましょう。

POINT 隠し味はこのタイミングで！

4 弱火で煮込む

フタをして弱火で45分ほど煮込む。放っておくだけです。だから煮込み始める前に必ず味見を。煮込みが完了したときにどのくらい前の味と変化しているかを楽しんでください。

隠し味のタイミング

ここで大事なのは、隠し味はこのタイミングで入れる、ということです。

カレーをつくるとき、隠し味を加えすぎて味がまとまらなくなってしまい、収拾がつかなくなったことはありませんか？　なぜ、このような失敗が起こるのか。それは、カレールウを加えた〝後〟に隠し味を投入するからです。隠し味は、カレールウを加える〝前〟と覚えておいてください。カレールウを加えると、味が強すぎて、隠し味の効果がわかりにくいんです。

MINI COLUMN

隠し味は隠れてなければ台無しである

私たちは、もう、カレールウを使うとどんな味ができるのかは知っています。だから、カレールウを加えてカレーにしてしまう前に隠し味を加えるべき。ルウを加える手前は、味の薄い中途半端な煮込み料理、という印象を持ってませんか？　その中途半端な煮込み料理をおいしい煮込み料理にするために隠し味を使う。すると、何を入れたらどんな味に変化するのかが想像しやすい。

しょう油のコクとはちみつの甘味と風味、ローリエの香りが加わったら、おいしさが倍増する気がしませんか？　この感覚が大事なんです。そこにチョコレートとコーヒーの粉とウスターソースを同時に加えたらどうですか？　味が壊れてしまいそうな気がしませんか？　そう思ったら、入れてはいけない。

カレーの味というのは母なる大地のように包容力がありますから、やみくもに隠し味を加えすぎてしまっても、そこそこおいしいカレーの範疇に収まるんです。これが危険な罠なんですね。判断を鈍らせ、手元を狂わせてしまう。優しい母だと思っていたカレーが突如、鬼婆みたいに変身してしまう。もう取り返しがつきません。

それから加える量も大事です。〝隠し〟味ですから、隠れてなくてはなりません。何が入ってるかわからないけど、おいしい。そんな仕上がりがベスト。できあがったカレーを食べた人に、「しょう油の味が効いていておいしいわ」なんて言われたら、失敗だと思ってください。隠し味の選定は、意外と繊細な感覚と想像力が必要なんです。

カレールウで仕上げる

POINT
1かけは
調整用に！

5　火を止めて、少しずつ加える

ここでも一度、火を止めて味見を。鍋の中がグツグツしている状態では、ルウが滑らかに溶けません。４人分のカレーで４かけのルウを使うなら、ルウは一度に全部入れてしまわないで、最後の１かけだけを残す。3かけを加えて混ぜ合わせたところで味ととろみを確認する。それから好みに応じた量を加えてカレーを仕上げます。

6　溶かして1〜2分煮る

カレールウがよく溶けたら、再び加熱して１〜２分。ほどよいとろみがつくまで煮ます。

カレールウの加減

煮込みが終わった鍋の中は、鍋の材質や大きさ、火加減などによって、どうしても水分量に差が出ます。ルウの最後の1かけでコントロールするクセをつけましょう。

ルウが溶けたら再び火にかけます。ここからは長時間煮込む必要はありません。1〜2分程度。ほどよいとろみがついたところで火を止めて完成させてください。

僕は個人的にはルウの最後の1かけを加えず、さらりとした味わいに仕上げるのが気に入ってます。

欧風カレーのつくり方 完

欧風カレーのできあがり！

リッチなカレーを堪能するひととき

さあ、欧風カレーが完成しました。深みのある色のソースに牛肉がゴロゴロ。白いご飯とのコントラストがきれいです。ほどよい香りが漂っているはずですが、本領を発揮するのは口に運んでから。

コクとうま味が束になって襲いかかってきますから気を抜いて食べると危険ですよ。

きっとご飯が止まらなくなるはずです。この味が自宅で、しかも市販のカレールウを使ってつくれるなんて、信じられない！　そう思ってくれるはず。

ああ、あの人に食べさせてあげたい。そんな風に感じたら、ぜひ、何度でもつくってみてください。きっと多くの人が喜んでくれるカレーです。

付け合わせで楽しんでみるのもオススメ。スタンダードに福神漬けやらっきょうを添えてもいいし、スライスチーズやドライフルーツ、フライドオニオン、スライスアーモンドなどを添えるのもあり。

欧風カレーなんてものは、ヨーロッパに存在しないのに、ちょっとしたひと手間で〝リッチな欧風カレー感〟が楽しめる。不思議なものです。

MINI COLUMN

ご飯の炊き方は好き好きで

カレーができたら、ご飯を器に盛ります。カレーライスを食べるとき、ご飯はとっても大事です。「カレー&ライス」ですから、カレーと同じくらいライスに気を遣いたい。

ご飯に関してよく聞かれる質問があります。

Q・カレーに合うご飯の炊き方はありますか？

そして、よく聞く回答があります。

A・硬めに炊いたご飯がカレーとは相性がいい。

そう聞いたことがある人、多いんじゃないですか？　僕はよく耳にします。なんとなく説得力がありそうな言葉ですよね。なるほど、確かにそうかも……、と思ってしまいそう。

でも、おかしいと思いませんか？　硬めのご飯が好きな人なら、それでいい。でも、米にはその米に合った炊き加減があります。普通にご飯として食べる時には普通の硬さに炊くのにカレーに合わせる時だけ硬めに炊くだなんて、すごくナンセンスだと思います。

おそらくこれは、インド料理のイメージからきているんじゃないかと思います。パラッとしたライスにシャバシャバのカレーがかかるあの感じ。ただ、僕たちが炊くのは日本の米。だから、僕は、いつもこう答えています。

A・硬めでも軟らかめでもなく、普通においしく炊いてください。

これは欧風カレーに限ったことではありません。インドカレーでも他のカレーでも同じ。ジャポニカ米を炊く以上は、適正の水分量と適正の加熱で普通においしく炊いてください。しいて言うなら、カレーソースのとろみが弱ければ硬めに炊くとバランスはよくなる場合もあるかもしれませんね。

「インディカ米のようなパラッとした炊き上がりが好きだ」という人は、水を少な目にして硬めに炊く。それはお好みで。

ご飯が炊けたら盛りつけです。盛り方については、かなり意見が分かれるところ。僕はライスの上からドバッとカレーソースを盛り付けるのを気に入ってますが、このパターンはあまり人気がない。評判がいいのは、ライスとカレーを半々で盛る方法です。

せっかくの欧風カレーなんで、ライスとカレーをそれぞれ別で盛る方法が一番ぜいたくかもしれません。それだけで、まるでホテルのレストランでいただくビーフカレーのような上品さが生まれます。最後にご飯はやっぱり炊きたてがいいですね！

◀おいしく炊きましょう

COLUMN

Basic

カレーの基礎は、料理の基礎です。

ゴールイメージを持つ

おいしいカレーをつくれるようになるために最も大切なことは、想像力です。つくり始める前に仕上がりのイメージを具体的に持つこと。味わい、香り、色、とろみ。自分がどこにたどり着こうとしているのかがあれば、途中のプロセスが丁寧になります。仕上がったカレーを食べた時「イメージ通りできた！」場合は忘れられない体験になるし、「うまくいかなかった……」場合は、「なぜなんだろう」と検討したことが身につきやすい。

イメージを持たずにレシピに書かれた通りに作業を進めるのではイマイチ生産性も創造性も生まれません。そんな風に10品のカレーをつくった人よりも、イメージを持って手を動かし、2品か3品のカレーをつくった人のほうがはるかにスキルは上がります。自分好みのレシピに出会える偶然に期待するのではなく、自分好みのカレーをつくれるようになる実力を磨いてください。想像力を持てば創造力がつく。本書が厳選した、たった3品のレシピで構成されているのは、それができる内容にしているからです。

プロセスの狙いを把握する

次に大切なことは、自分がいま行っているプロセスの狙いを把握すること。それができるようになると、カレーをつくる実力は格段に上がります。

たとえば、「玉ねぎを中火で10分間、きつね色になるまで炒める」とレシピにあったとします。ほとんどの人は、書かれた通りに中火で10分間炒めます。仕上がりの色はちょっと薄いきつね色だったとする。「きつね色にならないなぁ」と首を傾げたり、「こんなものなのかな」と自分を納得させたりして進む。これを繰り返した結果、カレーがいまいちおいしくなかったら、「このレシピ、自分に合わないな」と諦める。

そうじゃないんです。玉ねぎを中火で10分炒めることが大事なわけではない。そのプロセスの狙いは、水分を飛ばし、甘味と香味、うま味を引き立てること。それが目的であり、その手段が「中火で10分」なのです。これを把握できているのといないのとでは大違い。

多くのレシピは、手段は書かれているけれど目的が書かれていません。本書では、すべてのプロセスに「なんのためにそれをやるのか」を解説しています。たとえば、みなさんの仕事などでも同じことを感じませんか？上司から「これやっといて」と言われたことを意味も分からず作業するとうまくいかない。「こういうことをしたいから、そのためにこれやっといて」と言われたら、期待に応えられそうな気がしませんか？　できる人なら指示された内容とは別の手段で目的を果たすかもしれない。カレーの調理も同じことです。

加熱をコントロールする

もう少し具体的な話をしましょう。カレーをつくっているときに鍋の中で行われていることは、素材の加熱調理です。カレーは、さまざまな素材やスパイスを順に加熱して混ぜ合わせていくことで完成します。おいしくつくるための最大のコツは、加熱をコントロールすることなんです。そこでポイントとなるのは、「火加減、油加減、塩加減、水加減、手加減」の5つです。

たとえば、玉ねぎを炒めるとき、まずは火がないと何もできません。強火でスタートして、玉ねぎの表面を焼き付けるように炒め、徐々に火を弱めていく。頼りになるのが油と塩です。油が玉ねぎの表面をコーティングし、加熱が促進される。塩をふると浸透圧の効果で水分が抜け、味わいが引き立ちやすい。

水を上手に使えるようになると上級者。加えた水が鍋中の温度を下げ、玉ねぎの表面にこんがりと焼き付いたうま味をこそぎ落してソースに溶け出させてくれる。そして、それらはすべてあなたの手加減次第です。今は手を止めて放置しよう、そろそろ木べらを動かそう、とか。手の動きによって加熱の具合は変わります。おいしいカレーをつくるためには、どんな材料を使うか以上に、どう使うかが肝心。すなわち、加熱のコントロールができるかどうかが仕上がりを左右するんです。これはすべての料理に言えることだと思います。

料理のセンスがある人っていますよね？あの人は初めて挑戦するものでもおいしくつくっちゃう、みたいな。でも、研ぎ澄まされた感覚で勝手に手が動いてしまうようなセンスを持った人は、滅多にいません。仕上がりのゴールイメージを明確に持ち、それぞれのプロセスにどんな狙いがあるのかを把握し、それを果たすために加熱のコントロールを上手にやる。これらができる人のことを僕は「料理のセンスがある人」だと思っています。センスは生まれながらに授けられたものだけではありません。意識と実践でいくらでも身につくものですから、自信を持ってカレーをつくってみてください。

2章

インドカレーをつくる

インドカレーとは

欧風カレーの次は、スパイスをいちから使ってつくる「インドカレー」です。難しそうに感じるかもしれませんが、インドでは日常料理ですから、意外に手軽につくることができます。**使うスパイスは、普通のスーパーでも手に入る4種類だけ。それでも十分本格的で、何回食べても飽きがこないおいしいカレーができます。**

そもそもインドカレーとは、その名の通り、インドのカレーです。香り高くて刺激的なのが特徴。欧風カレーに比べるとコクやうま味は控えめですが、その分、スパイスが食材の持ち味を引き立てるから、シンプルでストレートな味わいなのに奥深いおいしさがあります。

インド料理とひと言でいってもかなり多様です。季節によって旬の素材が変わるし、和食やイタリアン、中華と同じようにところ変われば味も変わります（インドの面積は日本の約8倍以上、広いんです！）。だからそう簡単には「インドカレーとはこれである」、と断定することができません。

そして、このレシピでは、いわゆる〝インド人が普段食べているインド料理〟をつく

ることを目的とはしていません。僕たちは、日本人ですから。できるだけインドのつくり方をベースにしながら、日本人が食べておいしいインドカレーをつくるのが目的です。インド風カレーと言い換えてもいいかもしれない。そのため、インドカレーのエッセンスとして最も重要であるスパイスに注目しました。

スパイスを使って本格的なカレーをつくれるようになることが目指すべきゴール。スパイスにはどんな種類があるのか。どのようなバランスで配合すればよいのか。使いこなすためのコツは何か。スパイスの使い方には一定のルールがあります。インドのカレーはほとんどそのルールに沿ってつくられているんです。それをきっちりマスターできるのが、このインドカレーです。

香りを存分に引き出すテクニック

スパイスを使ってカレーをつくるときの基本的な手順は、「炒めて煮る」です。カレーは煮込み料理だというイメージが強いですが、実際には前半で炒めるプロセスがとても大事です。

スパイスは、「炒める」と「煮る」の間に差し込むのがポイント。特に今回のようなパウダースパイス（粉状のスパイス）については、このタイミングがいい。

スパイスが持つエッセンシャルオイルは、そのほとんどが加熱によって揮発し、**油脂分に溶け出す性質を持っています。だから、熱い油と絡め合わせることで威力が発揮される。**前半で炒めて水分を飛ばしていくと、はじめに鍋に入れた油がじんわりと表面に浮いてきます。ここにスパイスを合わせていくんですね。

今回のレシピでは、さらに欲張ったこともしています。鶏肉にもスパイスの風味をつけたい。そのために鶏肉をスパイスでマリネするんです。煮込み始める前にマリネした鶏肉を炒めることで、肉の脂分とスパイスが融合し、肉にもベースの玉ねぎにも香りを加えることができる。スパイスの香りをできるだけ引き出し、引き立て、準備が整ったらスープを加えて煮込みます。

スパイスでつくるカレーは、炒めるプロセスが肝心。煮込み始める前の段階でどこまで味と香りを生み出せるかにかかっています。香り高く、スッキリとした味わいで鶏肉のおいしさが際立ったシンプルなカレーの仕上がりを目指してください。

思い立ったらインドカレー！　それでは、レシピをご覧ください。

インドカレーの

材料

【 材料 】 4皿分

鶏もも肉(ひと口大) ………………… 400g

マリネ用

- ・プレーンヨーグルト　大さじ4(80g)
- ・レモン汁 …… 大さじ1(レモン1/2個)

パウダースパイス

- ・ターメリック ………… 小さじ1/2
- ・レッドチリパウダー(カイエンペッパー)※ ………… 小さじ1/2(中辛)～1(辛口)
- ・クミン ……………………… 小さじ2
- ・コリアンダー ……………… 大さじ1

油 ………………………………… 大さじ3

玉ねぎ(スライス) ………… 大1個(250g)

にんにく(すりおろし) ……………… 2片

しょうが(すりおろし) ……………… 2片

塩 ………………………… 小さじ1(6g)

ホールトマト ……………… 1/2缶(200g)

水 ……………………………… 300ml

コンソメ(チキンブイヨン) …… 1個(300ml分)

バター ………………………………… 20g

※辛味が苦手ならパプリカパウダーに

インドカレーの

手順

【つくり方の概要】

その 1 **下ごしらえ** ▶P48

・ヨーグルトとスパイスとレモンで鶏肉のマリネをつくる。
・にんにく、しょうがをすりおろす。
・玉ねぎをスライスする。

その 2 **炒める** ▶P54

・鍋に油を熱し、玉ねぎと塩を加えてアメ色になるまで炒める。
・にんにく、しょうがを水で合わせたものを加えて炒める。
・ホールトマトを加えて炒める。
・残りの塩と鶏肉をマリネ液ごと加えて炒める。

その 3 **煮込む** ▶P60

・コンソメスープを半分ずつ注いで煮立てる。
・ごく弱火で30分ほど煮る。
・バターを溶かし混ぜる。
・フタをして15〜30分ほど寝かせる。

完 **インドカレーのできあがり！** ▶P62

◀◀くわしいつくり方は次ページから

インドカレーのつくり方　その①

下ごしらえ

鶏肉を切る

1　水気をとる

鶏肉400gをペーパータオルなどで、表面をふいて、マリネ液を染み込みやすくする。

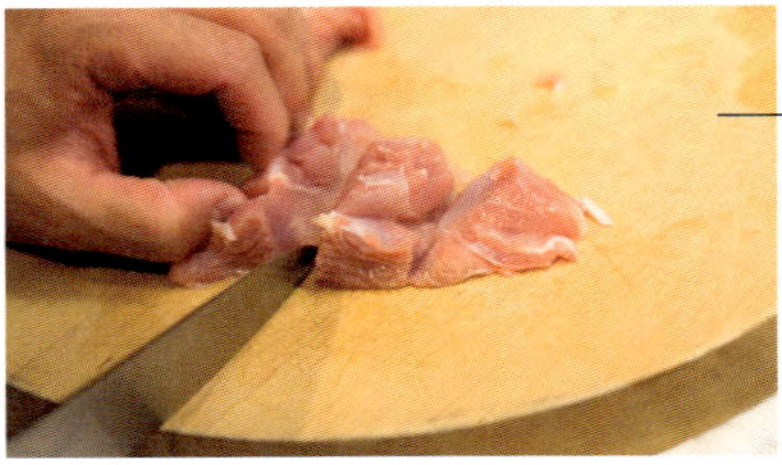

POINT
繊維を断ち切る方向に

2　ひと口大に切る

煮込んだら少し小さくなるので、大きめで大丈夫。スーパーでひと口大に切れているものがあれば、便利です。

真っ先に鶏肉をマリネ

材料がそろったら、まず一番はじめにやってもらいたいのが鶏肉の処理です。なぜなら、マリネをする時間をなるべく長く稼ぎたいから。

マリネする時間は、ひと言でいえば、「長ければ長いほどいい」です。最低でも2時間ほど置きたい。ひと晩なら

鶏肉をマリネする

3　ヨーグルトを量る

ボウルを秤に乗せ、計量しながら80gきっちりヨーグルトを入れる。秤がない人は、大さじ４入れてください。

POINT

ターメリック：小さじ1/2
レッドチリパウダー※：小さじ1/2〜1
クミン：小さじ2
コリアンダー：大さじ1

※辛味が苦手ならパプリカパウダーに

4　スパイスとレモンを入れる

スパイスを入れて、レモン1/2個を絞る。スパイスは、黄色い粉と赤い粉は、パッパッ。茶色い粉は、ドサドサ。パッパッ、ドサドサ、パッパッ、ドサドサ。もう覚えましたね。

ベター、ふた晩だとベスト。僕はインド・オールドデリーの老舗店で「鶏肉のマリネは48時間が理想」と教えてもらったことがあります。

ただ、いきなり思い立ってつくろうという場合は、2時間ですら大変でしょう。時間は貴重ですからね。その場合は、鍋に鶏肉を投入するまでの30分ほどでもOK。やらないよりもずっといい。

だから真っ先にとりかかるんです。30分程度なら常温で放置してもいいですが、空気が入らないようにラップをして、冷蔵庫に入れたほうが安心です。

5 よくかき混ぜる

マリネ液を、泡立て器でかき混ぜる。スパイスのダマがないように、本当によくかき混ぜる。

6 鶏肉を入れてマリネする

手を使ってよくもみ込む。どこから見ても鶏肉のピンク色がまったく見えなくなるまでまんべんなく。でものんびり混ぜると、手の熱が伝わってしまうのでスピーディーに。

7 ラップをして冷蔵庫へ

全体がよくなじんだら、空気が入らないように、ラップを上から抑えてマリネ液にぴたっとくっつけてください。

風味を強めるマリネ

マリネをするとスパイスの香りが強まります。そのときに敵となるのが〝水け〟です。これが少なければ少ないほどマリネはうまくいく。風味が強まるんですね。

とはいえ、ヨーグルトもレモン汁も必要。手間をかけてもOKという人は、水切りヨーグルトを使うことをおすすめします。さらに鶏肉にあらかじめ塩こしょうをふってしばらく置き、マリネする前にギュッと絞って水けをふき取って漬け込むとさらにおいしくなります。

MINI COLUMN

スパイス四天王に敬意を

スパイスは4種使います。

黄色いターメリック、赤いレッドチリパウダー、茶色いクミンとコリアンダー。これらを「スパイス四天王」と呼ぶことにしましょう。

スパイスを使ってカレーをつくろうとする人にとっては、それくらい偉い。ひれ伏してください（笑）。

計量する時には、すり切りで。小さじ1なら小さじにスパイスを盛って、別のスプーンの柄など平らなもので上にはみ出たスパイスを取り除く。これがすり切り1杯です。

ヨーグルトもきっちり計量しましょう。量るのは大事。「お菓子じゃないんだから、そんなに神経質にならなくても……」と思う人がいるかもしれません。

でも、レシピ通りに計量するのには理由があります。

レシピは計算しつくされた量だから、ではありません。自分の中にものさしを持ってもらいたいからです。

キッチリ計量をして何度かつくると、たとえば「クミンを大さじ1使うとこんな味わいになるんだな」などという自分なりの感覚がつかめるようになってきます。これが大事。

「じゃあ、次は少し多めにしてみよう」とか、アレンジができるようになる。最初から目分量でやっていたら、いつまでもあなたの中に〝カレーのものさし〟も〝スパイスのものさし〟もできません。それじゃあ、上達しない。

だから、量ってほしいです。カレーをつくるときは、少なくとも一番最初だけは、必ずレシピ通りにやってみましょう。

にんにくとしょうがをすりおろす

8　にんにくの皮をむく

にんにく2片は、根本を切り落として皮をむく。しょうが2片は、皮をむく必要はありません。

9　すりおろして水と合わせる

にんにくとしょうがをおろし金などですりおろす。ボウルに入れたら水50ml程度と合わせておきます。

POINT
おろし金に水をかけるとよい

合言葉は、G&G

にんにく、しょうがはすりおろしたら、適量の水と合わせておくと、ダマになりにくくて炒めやすい。

インド人シェフは、「G&G（ジー・アンド・ジー）」と呼びます。「Ginger & Garlic Juice」の略で「G&G」。

にんにくを隠し味と捉えている人も多いようですが、とんでもない。にんにくとしょうがはカレーをおいしくするカギとなるアイテム。香りの素となるフレッシュスパイスでもあり、うま味を補強する野菜でもあるんです。

玉ねぎを切る

10　1/4に切る

玉ねぎ大1個を、皮付きのまま縦半分に切って、根本に斜めに刃を入れて芯を取り、皮をむく。頭を切り落として、さらに横を半切りにして、1/4にする。

11　スライスする

うすいスライスにしていく。真ん中に切れ目を入れているので、スライスがほどよく小さなサイズになります。

スライスの魅力

玉ねぎの切り方はバリエーションがたくさんあります。なかでもみじん切りとスライスがメジャーですね。同じ条件で炒めれば仕上がりはそれほど変わりません。それならスライスの方が楽です。

スライスにするのには理由があります。ひとつは、薄く切ることで、玉ねぎをつぶしやすくする。水分が出やすくなります。もうひとつは表面積を広くする。加熱してこんがりとさせるメイラード反応がおきやすくなるから、ベースのおいしさが増幅します。

インドカレーのつくり方　その②

炒める

玉ねぎをアメ色に炒める

POINT

ときどき木べらで底からかきまわす

1｜塩を加えて強火で放置する

玉ねぎを入れて、塩を小さじ1/2ほど加えたらひと混ぜする。玉ねぎ炒めで大事なのは“放置プレイ”と“観察プレイ”。強火で放っておくと、ところどころ焦げながらも色づいていきます。

傍らに水を用意するべし

玉ねぎを炒める鍋の傍らには、いつも適量の水を置きましょう。鍋に玉ねぎがこびりついてはがれにくい、もしくは、黒く焦げそうだ、という場合、もう熱は鍋に伝わってしまっていますから、焦げが進行してしまう。そういうときは、水を加えて引き続き鍋底をこするんです。

2 水を入れる

焦げが気になってきたら、鍋肌から水を80mlほど入れる。するとすぐに焦げた部分がドロドロに溶けて全体になじんでいきます。

3 アメ色になるまで繰り返す

水が蒸発すると、また表面が焦げていく。焦げてきたら、水を足す。その繰り返しで、まんべんなく火が通ったキレイな茶色になります。

この時の水は本当に頼りになるやつです。鍋中は瞬時に温度が下がります。加えた水はすぐに熱をもらって湯に変わる。

こびりついたところをこそげ落とし、焦げそうなところの色素を溶かし、全体になじませてくれる。玉ねぎは一瞬、銭湯にでもつかったような状態になるからふやけるんですね。すると、火が通りやすくなる。

一人で何役もの仕事をこなした上で水は蒸気となり、「アバよ」と鍋中から去っていくのです。

カッコよすぎるぜ、水！

MINI COLUMN

玉ねぎ炒めは、〝放置プレイ〟と〝観察プレイ〟

玉ねぎを加えます。その瞬間、ジャーッと音がする。あの瞬間がたまらない。強烈な香りが立ち昇り、さあ、やるぞ!って気持ちが引き締まる。でも、手は動かしちゃダメ。

玉ねぎ炒めで大事なのは、〝放置プレイ〟と〝観察プレイ〟です。とにかくできるだけ玉ねぎを触らない。上手な人ほど触らない。できるだけ触らないで我慢しながら、よく観察する。これが大事です。理由は玉ねぎにキッチリ熱を伝えたいからです。

たとえば、想像してみてください。あなたは、今、真夏の砂浜に裸足で立っています。ジリジリと照り付ける太陽光をたっぷり浴びて熱を持った砂が、足の裏を容赦なく攻め始めます。熱い! まもなくじっと立っていられなくなるでしょう。

鍋底にピタリと張り付いた玉ねぎはこれと同じ状態です。じっとしていられないから砂浜の上を走り始めると、足の裏の熱は緩和されますね。鍋中の玉ねぎを木べらで動かし続ける行為はこれです。すなわち木べらを動かし続けたら、玉ねぎには熱が十分に伝わっていかないんです。玉ねぎはいつまでも炒まらない。玉ねぎにしっかりと火を入れ、熱を伝えるためには、適度な放置が必要なんです。

ただ、放置しっぱなしでは、たまりません。あなたは足の裏を火傷してしまう。玉ねぎは焦げてしまう。玉ねぎの気持ちになってどのタイミングで焦げるのかを判断するのは、さすがに無理。だから、観察する。目で見て音を聞いて匂いを嗅ぐんです。

　生の玉ねぎは白色（ウサギ色）、ほんのり色づいた色（イタチ色）、黄色（キツネ色）、茶色（タヌキ色）、焦げ茶色（ヒグマ色）と変化していく玉ねぎの色を見ながら、決して黒色（ゴリラ色）にならないように気をつける。

　匂いを嗅ぐ。判断基準はシンプル。焦げている匂いがわからない人はあまりいないでしょう。ただ、焦げる手前の匂いがわかるようになるのが大事。焦げた匂いに気がついた時にはもう手遅れですから。


　音を聞く。これはちょっとハイレベルなテクニックになります。玉ねぎは加熱が足りていないときは、「シャー」という繊細な音がします。ところが火が入ってきて加熱がかなり進行してくるにつれて、「パチパチパチ」という力強い音がしてくる。この聞き分けができるようになると、鍋中をじっくり眺めていなくても音だけを聞いて木べらを動かすタイミングがわかるようになるんです。こうなったら、もうあなたは玉ねぎの声が聞こえる上級者。自信を持ってください。

▶4分
▶6分
▶8分
▶11分

ずっと強火で二度水を入れて、
10分ほどでアメ色玉ねぎに。
※火力や鍋の形状によって、
分数は前後します

にんにく、しょうがを炒める

4 にんにくとしょうがを加える

アメ色まで炒めた玉ねぎを強火で炒めたまま、G&G(にんにくとしょうがを水で合わせたもの)を加えます。

5 水気が飛ぶまで炒める

ここでもきっちり水気を飛ばす。すると、不思議や不思議、にんにくとしょうがの青臭い香りは飛び、玉ねぎはより加熱が進んで焦げ茶色(ヒグマ色)に近い状態まで仕上がります。

POINT

カレーロードをつくる

ホールトマトを炒める

6 トマトを潰しながら加える

ホールトマト200gは手でつぶしながら入れるのがベストです。しっかり潰すことで、水気が飛びやすくなります。

7 水気が飛ぶまで炒める

ホールトマトを加えたあとも、水分をキッチリ飛ばす。そうすることで凝縮、濃縮された力強いおいしさが生まれる。鍋底を木べらでこすって“カレーロード”ができればOK。

鶏肉のマリネを炒める

POINT
炒める前に
常温に戻しておく

8　鶏肉のマリネと塩を加える

鶏肉と残りの塩小さじ1/2も一緒に加える。ここで加える塩は鶏肉の味わいを引き出す。ゴムベラがあると、スパイスの入ったマリネ液を余すことなく加えることができるので便利です。

9　仕上げまで炒める

炒め上がりの目安は、鶏肉の表面の状態。鶏肉は色づき、玉ねぎベースがペトリと絡まってくるような状態になります。鍋中全体の色味は茶色っぽくなり、玉ねぎと鶏肉がくっついて混然一体となったような状態になる。

カレーロードとは

にんにく、しょうがもホールトマトも、水分がキッチリ飛ぶまで炒めます。そうすることで凝縮、濃縮された力強いおいしさが生まれるんです。

水分が飛んでいるかどうかの目安は、鍋底を木べらでこすって真ん中に〝道〟をつくるんです。この道を〝カレーロード〟と呼んでいます。

この道幅がすぐに狭まってしまうようなら、まだ鍋中に水分が残っていてゆるい状態です。ビシッと整備されたカレーロードができることは、おいしさへの近道です。

煮込む

コンソメスープを加えて煮込む

1　コンソメスープを半分ずつ加える

コンソメを300mlのお湯に溶かして、足すのは半分ずつ。煮立ったらもう半分。煮立てる、という行為を間に挟むことで味にメリハリが出ます。

POINT

きれいに油が分離すればOK

2　弱火で30分ほど煮込む

小さな泡がポツポツとわずかに湧く程度の弱火にして、フタを開けたまま30分ほど煮込む。

仕上がりの合図

　30分ほど煮込んだら、表面（水面）をよく観察してください。オレンジ色の油が分離してキッチリ浮いてくれれば、煮込みは完了。

　この油は、最初に加えた油と鶏肉から出た脂が融合したものです。鶏肉もソースもバランスよくおいしい状態にあると思ってください。

バターを加える

3 バターを加えて仕上げる

バター20gを加えます。コクがでて、乳化作用もあるので、油がスープに溶け込みます。この２つを一度にしてくれるのが、バター。カレーをおいしくしてくれるスーパーアイテムです。

寝かせる

4 フタをして15分から30分ほど寝かせる

仕上がったら、すこし置いておきます。こうすることでおいしくなるんです。

なぜ寝かせるのか

さあ、完成しました！　でもここで、じっと我慢してください。少しだけ寝かせましょう。15分とか30分でいい。フタをしてしばらく置いておくと、味わいにまろやかさと深味が加わります。

カレーを寝かせておいしくなるという感覚は、日本人特有のもので、香りを重視するインド人とは違います。でも、スパイスのとんがった香りも全体になじんでより芳醇になる。

不思議なことですが、寝かせるのはやっぱりいいんです。

インドカレーのできあがり！

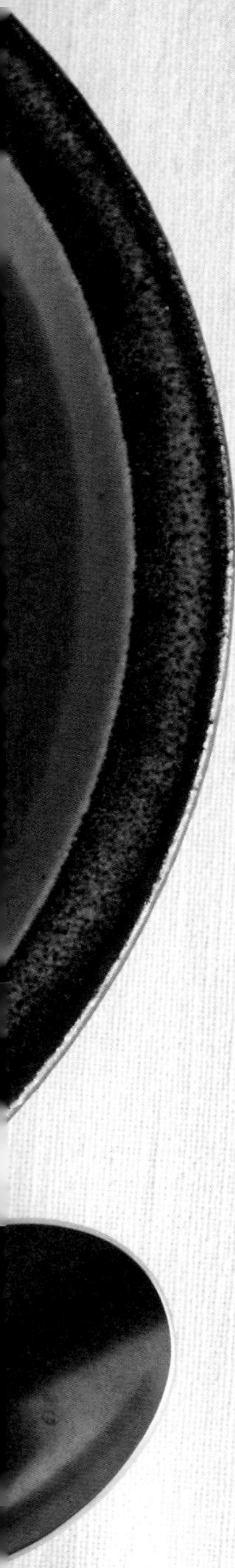

スパイスが醸すシンプルの極み

インドカレーの完成です。濃いオレンジ色のソースに食べやすい鶏もも肉。器に盛られた状態でも十分いい香りが漂ってきているはず。この香りがインドカレーの真骨頂。脳が心地よく刺激されるような感じを体験してください。

スッキリしたソースの味わいと食べ応えのある鶏肉とのバランスが楽しめます。1人前はあっという間に食べ終わり、おかわりをしたくなる。毎日食べても飽きないような軽さも魅力のひとつです。

スパイスが4種類だけとは思えない仕上がりじゃありませんか？ スパイスだけでカレーがつくれた！ この喜びは初めてつくる人ならずっと忘れられないと思います。

極めてシンプルな材料でつくる分、カレーという料理がどういう組立てで出来上がるのかが理解できたと思います。このスッキリとしたおいしさが後からじわじわ効いてきますよ。バリエーションが欲しくなったら季節の野菜などを一緒に煮込んでみてください。

さあ、これでおいしいインドカレーライフは約束します。

MINI COLUMN

煮込めば煮込むほどおいしくなるという誤解

カレーの煮込み方については、多くの人が誤解しています。「カレーは煮込めば煮込むほどおいしくなる」と思っている人が多い。煮込みについて正しく理解しましょう。

煮込めば煮込むほどおいしくなるのは〝ソース〟であって、〝具〟は適正な煮込み時間を越えてしまうと逆においしくなくなります。

仮に鍋の中のおいしさを100点だと仮定しましょう。煮込みのスタート時には、加えたばかりの鶏肉の味が80で、ソースが20だとする。これが時間をかけるにつれ、左のグラフのように具とソースのおいしさの比率が変わっていくだけのことなんです。あとはどこで止めるかによってバランスが決まる。

ただし、煮込むことによって新たに生まれるおいしさもあります。だから、厳密には、100でスタートした鍋の中は、煮込むことによって120くらいになるんですね。

次に知りたくなるのは、きっと煮込み完了の目安ですよね。煮込みには、おいしさを120点に持っていくための〝適正時間〟があるわけですから。これは、肉の種類や部位、切り方によってさまざまです。

レシピには煮込み時間が書いてありますが、あくまでも目安。妄信してはいけません。答えは鍋の中にあるんです。ベストは、肉のやわらかさを確かめたり、ソースの味見をしたりすることです。

いずれにせよ、優しく煮込むことが肝心です。理想はごく弱火にしてフタを開けて表面がふつふつとしている状態をキープしながら煮込むこと。ちょっと大変なので、ごく弱火でフタをしてしまってもかまいません。

それ以外の方法もあります。表面（水面）をよく観察してください。オレンジ色の油がうっすら、分離して浮いているのが見えると思います。見えなかったらまだ煮込んだほうがいい。キッチリ浮いてくれれば、煮込みは完了。鶏肉もソースもバランスよくおいしい状態にあると思ってください。

おいしさの概念図

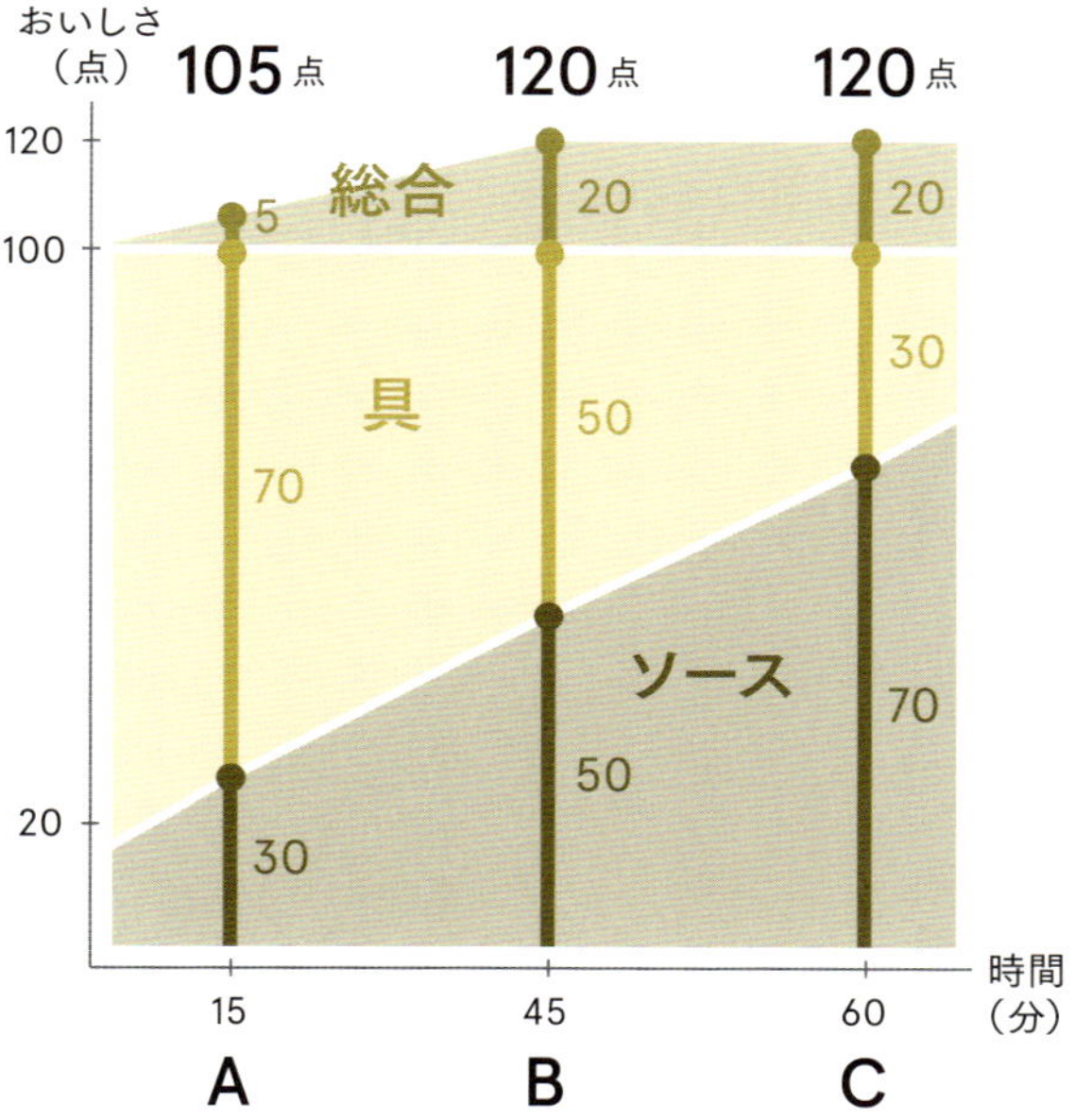

A: 具のうま味がソースにでておらず、総合で105点

B: 具とソースのおいしさがよいバランスで、総合で120点

C: 具からソースにうま味ができってしまい、総合で120点だが具は味気ない

COLUMN

Tools

おうちのカレー道具たち

調理器具についても、お話します。これレシピ本にはあまり書かれていない、でもとっても大事なところです。なにせお家でつくる長い付き合いになるパートナーですから。

カレーをつくるときに必要となる道具は、それほど多くありません。鍋がないと始まりませんが、それ以外は、木べら、まな板、庖丁など本当に基本的なものばかり。カレーをつくるために新たに調理器具を買わなければいけない、という必要はないはずです。

とはいえ、道具としてどんなものを選ぶのかは大切。「弘法、筆を選ばず」なんて言葉がありますが、あれは、実力が十分にある人に当てはまることです。庖丁はよく切れたほうがいいし、鍋の形や材質もカレーに適したもののほうがいい。理想の調理器具については個別に説明しますが、普段から使い慣れているというのも大切な点です。

僕自身、調理器具についてはいろいろと凝った時期もありました。デザインが格好いいアイテムを見つけるとそれをずらっとそろえたくなる。好きなブランドができても同じです。ただ、長年使っていくと、あるブランドの計量スプーンは抜群だけど、ボウルはいまいちとか、長所や短所が見えてきます。

最終的に手元に残るのは、なんの変哲もない昔からあるスタンダードなものだったりします。長く売れている調理器具は、多くの人に愛されているわけですから、それだけ使い勝手がいいということなのかもしれませんね。

［鍋］

鍋がなければ、カレーはつくれません。鍋にはいろいろな種類がありますが、まず、最も大切なことを教えます。カレーをつくる鍋は、片手鍋に限る！

これは、意識したことがない人がほとんどじゃないでしょうか。むしろ、両手鍋のほうがカレーに適していると思っている人の方が多いと思います。なぜなら「カレーは〝煮込み料理〟だ」という固定観念があるからなんですね。ことこと煮込む料理にはなんとなく大き目の両手鍋がよさそう。でも、カレーは、煮込み料理ではありません。炒めてから煮る、〝炒め煮料理〟なんです。しかも、煮込むよりも炒めるプロセスの方が重要だし、テクニックも必要なんです。炒めやすいのは、断然、片手鍋。できるだけ片手鍋を準備してください。

あとは材質と形状です。材質は、フッ素樹脂加工（テフロン加工）の鍋がおすすめです。アルミや鉄鍋、銅製の鍋を使いこなせる自信のある人はそれでもかまいません。でもカレーは割と強い火で材料を焦がさないようにしっかり加熱していくことが大事ですから、フッ素樹脂加工の鍋は焦げにくくて便利なんです。

形状は、底面積が広く、深さのある鍋がベスト。なぜなら、炒める時は底面積が広いほうが加熱が進む。でも煮込むときには深さがある方がおいしい対流が生まれるからです。
ただ、これは、少々矛盾したリクエストなんです。４人前のカレーをつくるときに底面積の広い鍋、フライパンのようなものを使ってしまったら、当然、煮込むときに水分は広がってしまって深さが出ない。炒める時と煮込むときで鍋を変えられればベストですが、そんな面倒なことできませんよね。

形としておすすめしているのは、少し大き目の行平鍋です。ただ、ほとんどの行平鍋はアルミむき出しですから、ちょっと難易度が高いかな。フッ素樹脂加工で行平鍋のような形をしたものがあれば、理想的です。ま、どんな鍋があるのかは、家庭ごとにバラバラですから指定はできませんが、肉じゃがをつくるときに使うような形がいいのかもしれません。

ともかく、大事なのは、片手鍋だということです。

［木べら］

鍋の次に大事なのは、木べら。炒めるにも煮込むにも木べらは実力を発揮します。あ、竹べらでも構いません。炒めながら鍋底や鍋肌にこびりついた玉ねぎやにんにくなんかをこそげ落としていきますから、やわらかいゴムベラではちょっと頼りないかな……。

木べらがないなら、ぜひこの機会に買いましょう。ポイントは、鍋の内側の形に合っていること。先端が平らで角が適度に丸みを帯びていると鍋にうまくフィットします。グリップは少し太めの方が持っていて疲れない。僕が気に入ってる材質はオリーブの木。これは、丈夫でよい。ま、とはいえ、木べら選びに執念を燃やす必要はありません。菜箸やレードルではないことが大事なんです。

「フライパン」

フッ素樹脂加工のもので
あればなんでもOK

フライパンは、どんなものでもかまいません。フッ素樹脂加工のものであれば、油が少なくても調理がしやすいのと、焦がさずに肉の表面に焼きを入れたりするのに便利です。

どんなフライパンを買うか、使うかについては、意見が分かれるところですが、安いフライパンを買って使い倒してこまめに新しいものに替えていく人と、いいフライパンを買って長く使う人といると思います。どちらもありだと思います。

「へら」

仕上がりに差をうむスグレモノ

意外に思えるかもしれませんが、カレーをつくるときにゴムベラはかなり活躍します。絶対に必要というわけではありませんが、ゴムベラを使いこなせるようになったら、いつもつくるカレーと差をつけることができますよ。

使い道は、木べらや鍋の縁に張り付いている玉ねぎやにんにく、しょうがなどをきれいにこそげ落とす。また、ボウルなどに入れている食材を鍋に入れるときに余すことなくきれいに加えられる。

特に鍋の縁の内側に張り付いている部分は、放っておくと焦げてしまう可能性もありますし、逆にこまめにぬぐえればうま味の素となります。鍋中を掃除してあげるような感覚で、ゴムベラをせっせと動かす。慣れてくるとこの作業はクセになり、テンポよくできるようになります。そうすると、周囲から見てもプロっぽくて格好いい。

耐熱温度が高いものであれば、木べらを使わず最初から最後までずっとゴムベラで調理することも可能です。サイズは大小あればベストですが、大きいものだけでも構いません。

［庖丁・まな板］

庖丁とまな板は、いつものので大丈夫。僕は丸型のまな板が気に入ってます。最初は、大量に玉ねぎを切るときに大きなまな板がほしいと思ったのがキッカケ。使ってみると、意外といい。

手前でにんにくを刻んだら、90度まわしてしょうがを切る。また90度まわして玉ねぎを切ったりして、楽しくて便利なんです。そう考えてみたら、一般的なまな板が四角いのは、四角いキッチンテーブルに合わせているからなのかも。

丸いまな板、おすすめです

［計量スプーン・計量カップ・スケール］

なるべく使いやすいものを

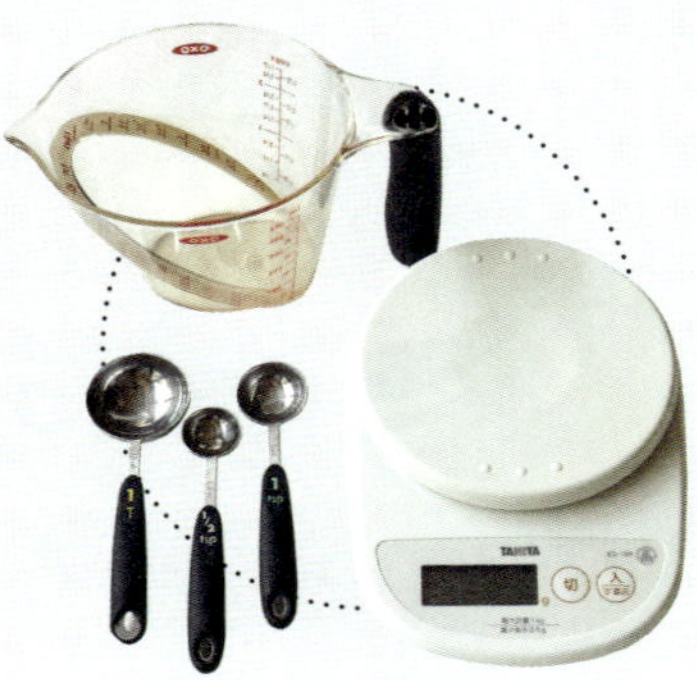

カレーをおいしくつくるために、特に初心者のみなさんにとって大事なのは、キッチリ分量をはかることです。計量スプーンは、深めのものがおすすめ。基本的に塩やスパイスは、すり切りで計量します。浅いスプーンだと、すり切りがしにくい。計量カップはなん

でもOKです。

スケールなどで、グラム単位で材料を量るのは、たとえばインドカレーでは、ヨーグルトくらいです。なければなくてもなんとかなる。でも、スパイスでつくるカレーに没頭するようになると、グラム単位でスパイスを計量したくなってきたりもします。ま、あったら使ってください。

［密閉容器］

購入したスパイスは、できれば、口の広い密閉容器に移し替えておくのがいい。なぜなら、市販のスパイスは口の狭い瓶で売られています。あの瓶から例えば、「小さじ1」のスパイスを取り出そうとすると、計量スプーンが瓶の中に入らないから、瓶を振ってスパイスをスプーンに入れなければならない。やったことのある人は実感していると思いますが、これがずいぶん難しいんです。だから、計量スプーンが入る口の広い容器に移し替えたい。あれは常々なんとかならないかな、と思っています。スパイスメーカーの人、考えてくれませんかねぇ。売る側の事情ではなく、使う側の事情に立ってくれれば、スパイス瓶の口はきっと広くなる。背が低くて口の広い密閉容器は、100円ショップなんかでも売っていますよ。探してみてください。

3章

ファイナルカレーをつくる

○○●

ファイナルカレーとは

ファイナルカレーとは、文字通り、〝最後のカレー〟です。このカレーがみなさんにとって最後にたどり着くカレーになるといいなぁ、という願いを込めて開発しました。逆に言えば、このレシピを習得したら、この先、新しいレシピを探したり、さらにおいしいカレーのつくり方を試行錯誤したりしなくていいわけです。

夢のような話ですが、具体的にファイナルカレーはどんなカレーなんでしょうか。基本的には、これまで紹介してきた**欧風カレーとインドカレーのレシピを合わせたいいとこどりのレシピです**。なあんだ、と思わないでください。

それぞれのカレーには長所があります。ただ同時に短所もあるんです。「欧風カレーではそういう考え方はない」とか、「インドカレーではそういう手法は使わない」とか、〇〇風であるがゆえによくも悪くもスタイルが確立されています。それを取っ払ってしまおうというわけです。目的はいちばんおいしいカレーをつくること。そのために必要なプロセスは素直に取り入れましょう。

欧風カレーから採用したいいところは、肉にした味を付ける処理。煮込んで肉のうま味がソースに適度に出た後も、肉の中にちゃんと風味が閉じ込められている状態を目指

します。さらに、お酒の風味や甘味、うま味が加わる隠し味の活用。みんなが好きなコクがここで入るんです。これが欧風カレー最大の特長といっていいかもしれません。

インドカレーから採用したいいところは、全体の手順。ベースとなるタマネギの炒め方やスパイスの使い方です。スパイスについては、配合も香りの立て方もインドカレーにアドバンテージがある。厳選されたスパイスをバランスよく配合する知恵がインドカレーにはある。市販のカレー粉やカレールウを使うよりも香りは豊かなんです。さらにそのスパイスの香りを立てる手法も拝借。

仕上げの段階で、伝家の宝刀、カレールウが登場します。ほんの少しだけ隠し味として使う。使わなくてもカレーはおいしくできあがっていますが、ここでルウを溶かすことの意味はいくつかあります。まずどことなくなじみのある味わいになって食べやすい。もちろん、コクやうま味も加わります。さらに分離した水分と油分を乳化させる役割もあるため、カレーソースの口当たりが滑らかになります。

この味はカレー界における優等生

いいとこどりというのは、とても素敵な響きを持っています。おいしいカレーができそうな気がしませんか？　欲張り者は損をするとか、二兎追う者は一兎を得ずとか、そんな格言もありますが、ファイナルカレーに関してそれらはあてはまりません。自信を持ってタイプの違う2種類のカレーの魅力をひとつの鍋に封じ込めましょう。まるで特徴の違うふたつのカレーをひとつに合体させるとすごいことが起こるはずですよ。理論上は。まだ実際につくってみる前の段階ですから、ひとまず〝理論上は〟としておきましょう。結果はつくってみてのお楽しみ。

カレーは、次の要素で構成されています。ベース、スパイス、具、スープ、隠し味。ベースに必要なのは玉ねぎや香味野菜のおいしい炒め方。スパイスは配合と香りの立て方。具は下処理と加熱による味の引き出し方と煮込み方、スープはだしのうま味の抽出方法。そして、隠し味はカレー全体のおいしさをさらに増幅させるためのアイテムのチョイスや使う量とタイミングです。**これら5つの要素を個別に検証し、最善の形を考えてたどり着いたのがファイナルカレーです**。

この味は、カレー界における優等生だと思ってください。かっこよくて運動も勉強もできて生徒会長とかに選ばれちゃうような存在。でも、そういう優等生がみんなにとって最愛の人になるかどうかは別ですね。少しくらい至らない点があっても、なんとなくあいつのことが好き、みたいなことがある。カレーの世界でもそれはあります。そこは好みの問題。どんなカレーが好きなのかはみなさんそれぞれの中にある。すなわちファイナルカレーは〝自分を知る〟ためのカレーでもあるわけです。

ファイナルカレーの

材料

【 材料 】 4皿分

豚肩ロース肉or 豚ばら肉 ……… 400g
しょう油 ……………………… 小さじ1
梅酒 ……………………………… 50ml
油 ………………………………… 大さじ2
玉ねぎ ………………………… 1個(200g)
バター …………………………… 10g
香味ジュース
- にんにく ……………………… 1片
- しょうが ……………………… 1片
- にんじん(すりおろし) ……… 1/2本
- セロリ(すりおろし) ………… 1/2本
- ホールトマト ………………… 100g

パウダースパイス
- ターメリック ………… 小さじ1/2
- レッドチリパウダー (カイエンペッパー)※ ……… 小さじ1/2
- クミン …………………… 小さじ1
- コリアンダー …………… 大さじ1

塩 ……………………………… 小さじ1/2
コンソメ(チキンブイヨン) … 1個(300ml分)
隠し味
- はちみつ ………………… 小さじ1
- ローリエ(あれば) ……………… 1枚

カレールウ ……………… 1/2〜1/3かけ

※辛味が苦手ならパプリカパウダーに

ファイナルカレーの

手順

【つくり方の概要】

その 1 下ごしらえ ▶P80

・豚肉を梅酒としょう油に漬け込み、2時間ほど(できればひと晩)置く。
・玉ねぎをみじん切りにする。
・香味ジュース(にんにく、しょうが、にんじん、セロリ、ホールトマト)をつくる。

その 2 炒める ▶P84

・鍋に油を熱し、玉ねぎと塩を加えて強火でアメ色になるまで炒める。
・香味ジュースとバターを加えて、水分が完全に飛ぶまで強火で炒める。
・パウダースパイスと残りの塩を加えて弱火で炒める。
・マリネした豚肉を加えて、肉の表面全体が色づくまで中火で炒める。

その 3 煮込む ▶P88

・コンソメスープを注いで煮立てる。
・隠し味を加える。
・フタをして弱火で45分ほど煮込む。
・火を止めて、カレールウを溶かし混ぜ、再び加熱して1〜2分ほど煮る。

完 ファイナルカレーのできあがり! ▶P90

◀◀くわしいつくり方は次ページから

ファイナルカレーのつくり方　その①

下ごしらえ

豚肉をマリネする

POINT
豚ばら肉は脂身を切り落としてもよい

1　豚肉をひと口大に切る

豚肉400gを大き目のひと口大に切る。最終的にこの豚肉はやわらかく煮込むので、口に入るかな？というくらい大き目でも大丈夫。

梅酒の風味を豚肉に封じ込める

豚肉をマリネしましょう。スパイスで？　いえいえ、梅酒としょう油を使います。意外に思うかもしれませんが、マリネの狙いは、肉とは別の風味を肉の中に封じ込めることです。

かたまりの肉を煮込んでカレーをつくる場合、やわらか

2　梅酒としょう油につける

豚肉を入れて、梅酒50mlとしょう油小さじ１を入れて漬け込む。ジップロックがあれば、余すことなく漬け込めるので便利です。もちろん、バットやボウルに漬け込んでもOK。

3　空気を抜いて冷蔵庫に

ジップロックごしにもみ込みながら、まんべんなく漬かるように空気をぬきます。あとは冷蔵庫に入れて２時間ほど置きましょう。できればひと晩置くとより風味が染み込んでおいしくなります。

POINT
もみ込みながら
空気を下から抜く

く煮込むには、それなりに時間がかかります。その過程で肉の味がスープ（ソース）の方へ出てしまうんですね。

煮込み終わってカレーが完成したあとも肉の中に風味を残しておくためにあらかじめ別の風味を入れておくんです。

梅酒には梅の香りと酒の風味が、しょう油にはどこか懐かしい滋味があります。これらが豚肉を食べた時に甘味のある脂と一緒にじわーっとにじみ出てくるイメージです。

だから豚肉は適度な脂分のあるバラ肉か肩ロース肉などがいい。このひと手間でカレーの完成度が変わります。

玉ねぎを切る

POINT
箸1本分残して切り込みを入れる

4 縦に切り込みを入れる

玉ねぎ1個を半分にしたら、縦に切り込みを入れていく。根本の方に箸1本分程度を残すのが水野流。

5 みじん切りにする

半回転させて、粗いみじん切りにしていく。切りづらくなったら、倒してさらにみじん切りにする。

なぜ玉ねぎをみじん切りにするのか？

カレーをつくるときに最もオーソドックスな玉ねぎの切り方は、みじん切りです。炒めてカレーのベースにするわけですから、小さく切って炒めたときに水分が抜けてつぶれてほしい。そのためにみじん切りにします。

スライスとの違いは、感覚的なものですが、みじん切りのほうが味が濃くなりやすい。細かくみじん切りにする必要はありません。細かすぎると水分が出すぎてこんがり色づきにくいですから。

香味ジュースをつくる

6 香味野菜を粗みじんにする

しょうが・にんにく各1片、セロリ1/2本、にんじん1/2本を粗みじんにする。ミキサーにかけるので適当で大丈夫。

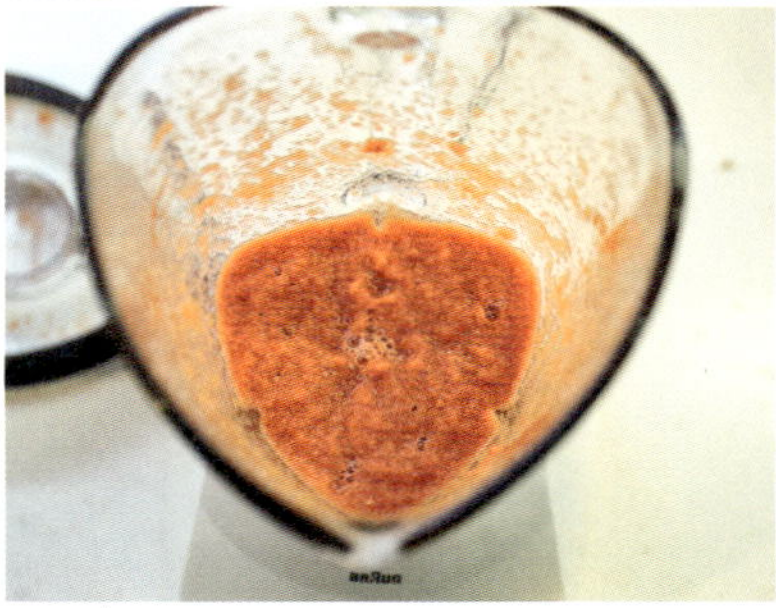

7 ミキサーにかける

香味野菜にホールトマト100gも加え、ミキサーにかける。ホールトマトの水分が足りなければ、水を50mlほど足してもOK。

香味ジュースはうま味の素

玉ねぎを鍋に放りこんだら、炒めはじめは焦げる心配もなく、落ち着いて他の作業ができますから、この間に後で投入する香味ジュースをつくることをおすすめします。

香味野菜は玉ねぎと同じようにカレーのベースに風味やうま味を加えます。にんにく、しょうがのコンビはもちろんカレーのベースには王道のアイテムですし、セロリやにんじんはブイヨンを取るときにも活躍するアイテムですから、頼もしい食材です。

炒める

玉ねぎをアメ色に炒める

POINT

強火で一気に

1　塩を加えて強火で放置する

油を熱したら、玉ねぎを入れ、塩小さじ1/4をいれて強火で炒める。慣れてきたら、基本放置して、時々かき混ぜながら、強火で一気にしあげて時短します。

CHECK
詳しいコツは
▶▶ P26/56

焦げる手前を見極める

粗みじん切りした玉ねぎをアメ色になるまで炒めます。初めは強火でできるだけ放置。表面を焼き付けながら、玉ねぎを柔らかくし、水分の出やすい状態をつくります。

玉ねぎの水分が抜け始めると火の通る速度が上がりますから、少しずつ火を弱めていき、それに伴って木べらを動

2　水を加える

強火で炒めて6～7分ごろ、焦げが目立ってきたら、水80mlほどを鍋肌から注ぎ入れる。

3　アメ色になるまで繰り返す

玉ねぎが水に溶けて、どんどん茶色が濃くなり、また水気が飛んで、表面が焦げてきたら、水を入れる。これをアメ色になるまで繰り返す。

かす手も忙しくなっていきます。

　手がかりになるのは見た目の色、音、香り。色は黒く焦げてしまわないよう、こんがりした状態を目指します。

　音は玉ねぎに火が入っていないときはシャーッという静かな音がしていますが、火が入り始めるとパチパチという破裂音が混ざり始めます。

　香りは重要。焦げそうだな、という香りはわかりますから、そうなる手前をクンクンしながら見極めましょう。

　焦げそうだけど焦げていない状態まで火を通すことができたら上級者です。

香味ジュースを加えて炒める

POINT
カレーロードをつくる

4　香味ジュースとバターを加える

玉ねぎを炒め終わった鍋に香味ジュースを加えて強火で炒める。ここでバター10gを加えてコクを出します。かき混ぜながら、とにかく水分をキッチリ飛ばす。

調味料を加える

POINT
スパイスは先に混ぜておくと楽

5　パウダースパイスと塩を加える

塩小さじ1/4とスパイスを入れる。ターメリック、レッドチリパウダーを小さじ1/2。クミンを小さじ１、コリアンダーを大さじ１いれる。

POINT
弱火でかき混ぜながら

6　弱火で炒める

玉ねぎや香味野菜を炒めたペーストと一緒に練り込むような感覚で加熱し、焦げないように火を弱めて香りを出します。

マリネした豚肉を加える

7 豚肉、マリネ液の順に加える

できれば先に肉だけ入れて中火で炒めてから、マリネ液はあとで加える。

POINT
肉は常温に戻しておく

POINT
焦がさないようしつこく鍋肌からこする

8 肉の表面が色づくまで炒める

肉の表面全体が色づくまで炒めておく。こうすることで、カレーの素とマリネした肉がよくなじむんです。

スパイスは焦がさずに香りが際立つまで

粉状のスパイスが入ったら焦げやすくなるので、弱火にして、木べらで底からかき回しながらじっくり炒めたほうが安心です。ただ、加えたスパイスの香りがしっかり立ってくるまで炒めましょう。

その炒め具合を判断するために、鍋に加える前にスパイスの香りをチェックしておくことをおすすめします。この段階でもすでにいい香りがしますが、炒めることでグッと深まる。その香りを感じたら、次のプロセスに進みます。

ファイナルカレーのつくり方 その③

煮込む

コンソメスープを加える

POINT
必ずお湯でつくる

1 スープを加えて煮立てる

お湯300mlに顆粒のコンソメスープの素を溶いておく。これを温かいまま鍋に加えて煮立てる。

隠し味を加える

2 はちみつとローリエを加える

はちみつ小さじ１を加えてコクを加え、香りづけにローリエ１枚を加える。

フタをして煮込む

3　弱火で45分ほど煮込む

ごく弱火でフタをして煮込んでください。火加減の目安は、ときどき鍋のフタを開けてみて、表面がフツフツとしているのが見える程度。

カレールウを入れる

POINT

カレールウの量は味見をしながら

4　仕上げにカレールウを少量入れる

煮込み完了の合図は、表面に浮かんだオレンジ色のきれいな油脂分。火を止めて味見をしながら、カレールウ1/2〜1/3かけ入れる。カレールウを溶かし混ぜ、再び加熱して１〜２分ほど煮る。

カレールウは慎重に

仕上げにカレールウを加えなくてもそれはそれでおいしいファイナルカレーが楽しめます。すっきり洗練された味わいで食べたいならそのまま食べるのがいい。

でも、どこか落ち着く食べやすい味に仕上げたかったら、ほんの少量のカレールウを溶かし混ぜてください。我々日本人が慣れ親しんだ味の要素が隠し味的にほんのりと感じられる味わいになります。あくまでも〝スパイスカレー〟の隠し味として、少量加える程度です。

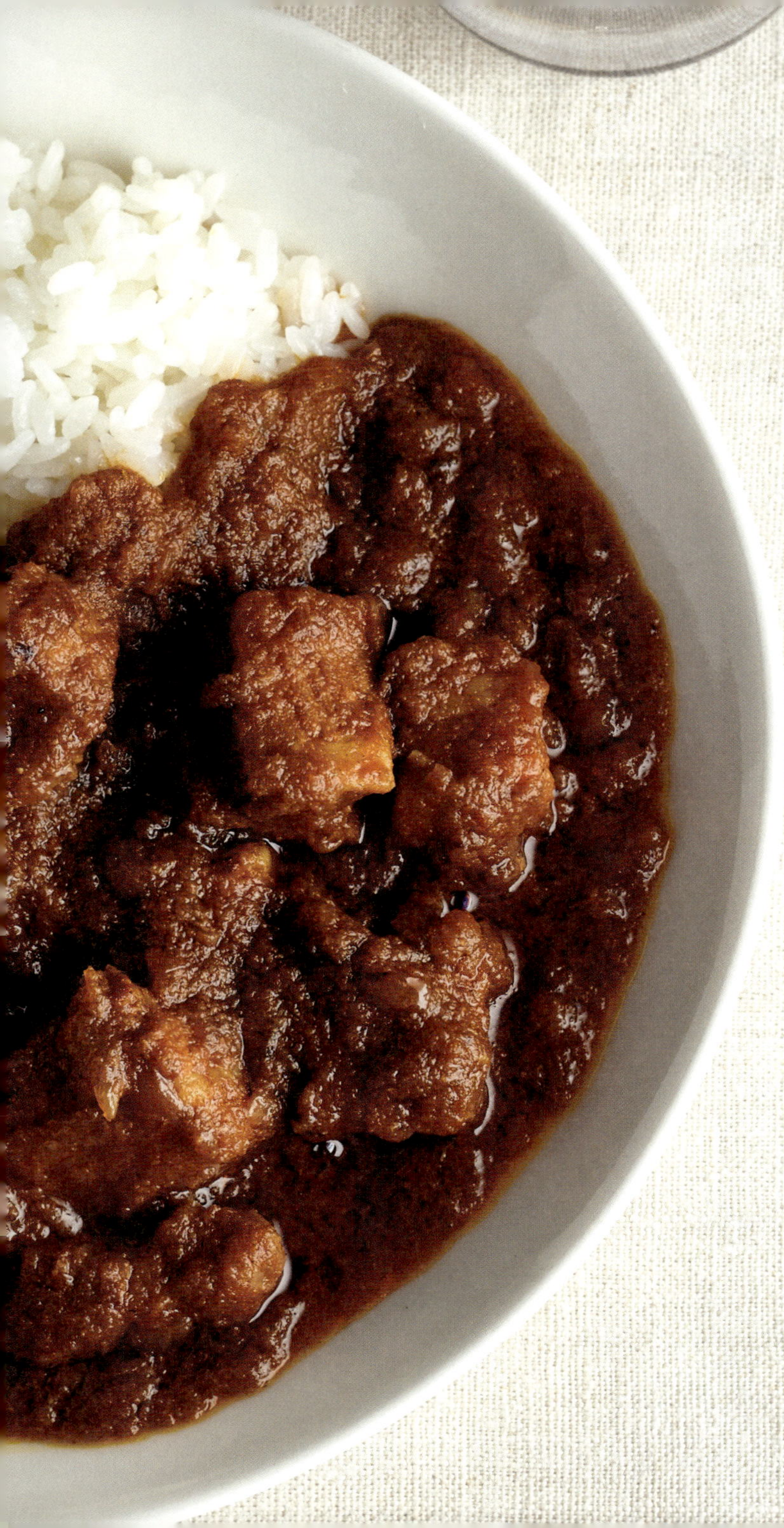

ファイナルカレーのつくり方 完

ファイナルカレーのできあがり！

誰にでもおすすめできる味わい

いよいよ最後のカレー、ファイナルカレーの完成です。ここまで欧風カレー、インドカレーと段階を踏んでつくってきた方は、感慨もひとしおかもしれませんね。

豚肉の塊がやわらかく煮込まれたカレー。濃い茶色のソースはとろりとしていて、見ているだけで食欲をそそります。深みのある味わいと豊かな香り。だしのうま味や肉の風味が少し遅れてやってくる。**誰に食べさせても「おいしいでしょう?」と堂々とおすすめできる味わいに仕上がっているはずです。**

ファイナルカレーは、欧風カレーとインドカレーで紹介したコツをいくつも詰め込んでいますから、つくりながらちょうどいいおさらいにもなったかもしれません。

おいしく炊いたご飯にかけて食べるのが一番ですが、このくらい濃厚なカレーであれば、パンにつけても楽しめます。1人や2人でいただく贅沢なディナーのメインにもなるし、大勢が集まるパーティでも注目の的となるはずです!

理論を知って実践し、自分の好みを知る

ついにファイナルカレーが完成してしまった。抜群においしいカレーができた!という満足感と共にちょっぴり寂しい気持ちを抱いている人もいるかもしれません。

だって、最後のカレーにたどり着いてしまったのだから、これから先、カレーづくりに試行錯誤する必要がないんです。あれこれ悩みながら工夫した日々とはお別れ。でも、あれはあれで楽しかったのにな……。

そんな感情がよぎるかもしれません。でも、大丈夫。**ファイナルカレーは始まりのカレーでもあるんです**。そんなの詐欺みたいな話じゃないか！と怒らないでくださいね。

ファイナルカレーをつくって食べてみて、どんな感想を持ちましたか？　うまい！でも自分ならもうちょっとこうしたい、ああしたい、と欲が出てきたんじゃないかと思います。すなわち、まだ工夫の余地が残っているというわけ。

これこそがカレーの魅力です。実は、どんなに完璧を目指してレシピを開発したとしても、すべての人にとって100点満点のレシピにはなり得ないんですね。そんなレシピがあったら、僕はすぐにカレー屋さんを開店するでしょう。

でも、カレーの好みはみんな違う。僕の周りには「ファイナルカレーをつくったけど、欧風カレーのほうが好きでした」という友人もいました。

さあ、ここからは、みなさんがまさにスタートラインに立ってカレーづくりを工夫し始める段階です。ただし、昔の自分とはまったく違う自分がいま、ここにいるはずです。カレーをおいしくつくるための理論とテクニックは習得できていますから。ファイナルカレーを知ってしまったみなさんのスタートラインは、他の誰かよりもはるか先にあります。ゴールはすぐそこです。あとはみなさんが思い思いの絵を描いてみてください。

おわりに

おいしいカレーがつくれるようになったら、あなたは何がしたいですか？ 自分で味わい、しみじみとそのおいしさを噛みしめる？ それは真っ先にやりたいことですね。次にやりたくなるのは、誰かに食べてもらうことじゃないかと思います。あの人に食べてもらいたい。誰かの顔が浮かんだら、どのカレーにするかを考えてみてください。欧風カレーがいいか、インドカレーがいいか、ファイナルカレーにするか。これが楽しい。

自分の好きなカレーとあの人が好きなカレーは違うかもしれない。自分のつくりたいカレーとあの人の食べたいカレーは違うかもしれない。そのギャップが個性だし、そこを埋めようと考えたり工夫したりすることがカレーをつくるおもしろさだと思います。誰かのためにカレーをつくるようになると、また一歩、前に進むことになるでしょう。

かつて、ある音楽家にインタビューをしたとき、こんな言葉を聞きました。「今まで食べた中で一番おいしかったカレーは、好きな人がつくったカレー。一番まずかったのは、嫌いな奴がつくったカレー」だと。あえてわかりやすい表現をしてくれましたが、カレーってそういう側面があると思います。食べてくれる人のことを思ってつくるカレーにはかなわない。そのレシピがファイナルカレーだったりしたら、もう最強かもしれませんね。

つくったカレーを食べてもらって、喜んでもらう。こんなにモチベーションが上がることはありません。ファイナルカレーをそんな風に誰かのためにつくった友人がいます。こんな感想をもらったそうです。「記憶に残るカレーでした。味の記憶ってなかなか残らないと思うけど、昨日のは一度食べただけでも記憶に残るくらいおいしかったです」。こんなことを言ってもらえたら、止められなくなります。

すると次のことをしたくなる。喜んでくれる人をもっと増やせないか、と思い始めるんですね。そうしたら、複数の仲間を呼んでパーティを開きましょう。盛大にやらなくてもいい。数人を呼ぶだけでも、〝あの人〟という特定の誰かひとりに食べてもらうのとはまったく違う体験ができます。AさんとBさんはおいしいと言ってくれても、Cさんは首をかしげるかもしれない。困りますね、ドキドキします。カレーの好みって本当に人それぞれ違うんだなぁ、と実感するんじゃないかと思います。

こんな風に誰かとおいしいカレーの感動を分かち合いたいと思ったとき、本書は本当の意味で威力を発揮するのかもしれません。あなたがつくるファイナルカレーが、あなたの周りにいる多くの人にとってもファイナルになったらこんなにうれしいことはありません。そんな日が訪れることを願っています。

水野仁輔《みずの・じんすけ》

AIR SPICE 代表。1974年、静岡県浜松市生まれ。カレーにまつわるさまざまなことについてのスペシャリスト。1999年に出張料理集団「東京カリ～番長」を結成。カレーに特化したコンテンツ創造プロジェクト「カレー計画」で、様々なプロジェクトを立ち上げている。これまで出版してきたカレー本の数は40冊以上。カレー活動が多岐にわたりすぎて、本人としても「聞かれたときに自分でも説明しにくくて、昔から困っています（笑）」とのこと。糸井重里氏から「カレースター」の肩書をもらい、現在、ほぼ日と「カレーの学校」で授業を行っている。2016年の春に、本格カレーが作れるスパイスセットを届けるサービス、「AIR SPICE」をスタートした。http://www.airspice.jp/

いちばんおいしい家カレーをつくる

二〇一七年五月三十一日　第一刷発行
二〇二〇年五月二十四日　第六刷発行

著者　水野仁輔

発行者　長坂嘉昭
発行所　株式会社プレジデント社
〒一〇二-八六四一
東京都千代田区平河町二-一六-一
電話　編集〇三-三二三七-三七三二
　　　販売〇三-三二三七-三七三一

デザイン　千葉佳子（kasi）
撮影　鈴木泰介
部分撮影　cakes編集部
編集　加藤貞顕（ピースオブケイク）
　　　中島洋一（ピースオブケイク）
製作　中嶋 愛
制作　関 結香
販売　桂木栄一　高橋徹　川井田美景　森田巌
　　　末吉秀樹

印刷・製本　凸版印刷株式会社

ISBN 978-4-8334-2235-2

・牛肉
・鶏肉
・豚肉
・玉ねぎ
・にんにく
・しょうが
・セロリ
・にんじん
・ホールトマト
・塩
・油
・バター

・しょう油
・はちみつ
・ローリエ
・赤唐辛子
・プレーンヨーグルト
・レモン
・スパイス
・赤ワイン
・梅酒
・コンソメ
（チキンブイヨン）
・カレールウ

付録

材料を買い出しに行く

いつものスーパーでおいしいカレーを

買い物は、普段から行き慣れているスーパーでするのが楽でいいでしょう。どこに何が売っているのかわかっているから時間もかからずにすみます。肉屋、八百屋も個別に選べばいいものに巡り合えそうですが、スパイスは売ってないだろうし、何軒も回らないといけないから大変。最寄り駅にある一番大きなスーパーとかなら、たいていのものは手に入ります。

夜中に思い立ってつくりたくなった場合は、深夜も営業しているスーパーに行くと便利。でも、肉や鮮魚コーナーなんかは、品ぞろえがかなり薄くなっている可能性も高い。生鮮関係は特にどの時間に入荷されるかなどの細かい情報までわかっているとさらによい。基本的には開店直後はビッシリ商品がならんでいますから、午前中は問題ありません。夕食前のタイミングでもう一度入荷するスーパーも多いので、夕方も悪くない。

意外と重要なのは、紙とボールペン。僕はこれらを欠かしません。スーパーの棚を思い浮かべながら、必要な食材をジャンルごとにメモしておく。野菜、肉、調味料……といった具合に。買い物かごに入れながらボールペンでチェックしていきましょう。

◀◀ 材料の選び方は次ページから

牛肉

欧風

カレー用の牛肉を買うのは、それほど苦労しません。だって、スーパーの精肉コーナーには、たいてい「カレー・シチュー用」と書かれた牛肉が、あらかじめパックされた状態で売られていますから。

肉を選ぶときは、パックを傾けてみましょう。牛肉の赤い血がにじみ出て液状になってたまっているようなものは、できるだけ避けてください。肉の味が出てしまっているか、冷凍の肉を解凍しているか、いずれにしてもあまりいい状態ではないと判断せざるをえません。

あとは、見た目も選ぶ基準にしたいですね。ただ、これは説明しにくい。どの部位の肉も赤身と脂身の入り方がマチマチです。ひと言でいえば、バランスよく脂身が入っておいしそうに見えるものがいい。

それから、どこの部位を選ぶのかにはぜひ興味を持ってほしい。たいてい、中身は、モモ肉、肩肉、バラ肉、ロース肉あたりが大きめのひと口大にカットされて混在しています。これを買えばＯＫ。

注意しなければならないのは、牛スネ肉や牛スジ肉が混在している場合。この2種類については、煮込みに適している部位ですが、おいしく煮込むためには圧倒的に時間がかかる。だから、他の部位と一緒に煮込むと仕上がりの肉の状態にバラつきが出てしまうんです。

牛スネ肉のカレー、牛スジ肉のカレーとい

うのは、別枠だと思ってください。単体でその部位の肉を買ってしっかり煮込まなければなりません。

鶏肉

☑インド

鶏肉は、ムネ肉でもモモ肉でもいいけれど、僕はモモ肉の方が好き。適度に脂肪分があってカレーにしたときには断然こっちのほうがうまいと思う。

たいていスーパーの鶏肉コーナーは部位ごとにわかれてパックに入った状態で売られています。

まず、鶏肉コーナーにたどり着いたら、少し引いた場所から全体を俯瞰して眺めてみる。すると、なんとなく、ほかよりもピンク色がきれいなエリアがある。そこに注目するんですね。**身の部分がツヤツヤと光沢があって、鮮やかなピンク色をしている鶏肉はうまい。**

たいてい産地やブランドごとに分けて並んでますから、まずはきれいなピンク色をした鶏肉たちを探しましょう。

そのピンクエリアの中から買いたいモモ肉を探し、次に見るのは、**パックの隅にディップ（汁気）がたまっていないかどうか。**これがたまっていたら古いものか、冷凍肉を解凍しているものなので、これらはできるだけ避けたい。それから、大きな声でおすすめはできませんが、周囲をキョロキョロと気にしながら、人差し指で身を少しだけ押してみます。張りがあってしまっていたらなおよい。

皮面を下にしてパックされているものがほとんどですが、もし、皮が見えたらほんのり黄色味を帯びている肉の方がうまいです。ま、皮はパックの外からはあまり見えませんね。

産地にこだわる人は、産地で選ぶのもアリですよ。でも、「国産だからいい」とか「地鶏やブランド鶏のほうがうまい」とか、そんな簡単な問題ではありません。目の前に肉が並んでるわけですから、自分の目利きを信じてください。

豚肉

☑ファイナル

豚肉はできるだけ大きな塊肉を探しましょう。そのほうが好みのサイズに切れるから。かたまりの状態で一番手に入りやすいのは、おそらく豚ばら肉だと思います。割とよく見る。豚ばら肉を買うときは、白い脂身の部分をチェックしてみてください。あまりに白い部分が多すぎるのは、脂身ばかりの可能性もあるからちょっと避けたほうがいい。

好みによりますが、豚ばら肉の脂身は、おいしいけれど、量が多すぎるとしつこく感じます。適度に切り落とすことになるから、ものによっては脂身をそぎ落としていったら塊が半分になっちゃった、ということもあり得ます。もったいない。400gを使いたいから、500gくらいは買ったほうが無難です。

豚ばら肉よりもおすすめなのは、豚肩ロース肉。スーパーでかたまりで売っているのを探すのはちょっと難しいかもしれません。でも、肩ロース肉というのは、適度に脂身があり、赤身の部分も味わい深くておすすめ。僕は、豚肉の部位で最も好きな場所です。ちょっと値段が高いのが懸念点。でも、おいしいカレーをつくるためですから、見つけたら買いましょう。

豚ばら肉も豚肩ロース肉もなければ、その他の部位でもかまいません。「カレー・シチュー用」のひと口大に切れている豚肉でもOK。この手のものは、おそらくさまざまな部位が混在しているはずです。それはそれで食べる時に「あたり！」、「はずれ……」などと楽しめます。

玉ねぎ

☑欧風　☑インド　☑ファイナル

プロは淡路島産や北海道産を使い分けていることが多い。確かに淡路島産の玉ねぎはおいしいです。でも、値段も高いし、その辺で売っているものでもない。だから、あるものの中から選びましょう。

ゴロゴロッと並んでいる玉ねぎの中で、僕が最初に気にするのは、皮の色。茶色い皮がしっかり乾燥していて、それでいて艶やかな光沢を放っているものがベスト。絵具をどう混ぜても出なさそうな力強く明るい茶色をしているのがいい。こういうのに出合ったら、テンションが上がります。

ほかには丸々と太っていたり、上部（頭・クビ）と下部（根）がキュッと締まっていたりするとさらにGOOD。ずっしりと重みを感じるのもよい。

ところで、「新玉ねぎの時期は、水分が多すぎてカレーに向いてない」なんて声を聞いたことありませんか？　僕はそうは思いません。あれは業務用で炒める時の話であって、家庭用のカレーにはあてはまらない。そんなことを言う人は、玉ねぎ炒めの腕前が足りない人だ！と断言しちゃいましょう。

ただ、お店を営業している人は、一度に何十キロもの玉ねぎを炒めなくてはいけませんから、確かに水がジャンジャン出ちゃって困ることがある。でも、家庭用なら一度に炒める玉ねぎは1～2個ですから、むしろ適度に水分が出たら焦げにくくて使いやすいくらいです。あまり気にせずに買いましょう。

季節ごとにベストな玉ねぎを選ぶ。その味わいを活かしましょう。すると、春は春なりの夏は夏なりのおいしいカレーになる。なんとも素敵じゃありませんか？

ちなみに僕は、紫玉ねぎを選ぶこともあります。明確な理由はない。気分次第です。インドの玉ねぎは、身が小さくて味が濃く、ギュッと濃縮されたような味わいがあります。見た目がそれに近いのは紫玉ねぎ。だからつい選んでしまう。

ただ、注意したいのは、味わいが意外とさっぱりしているんですね。少々値段が高いし、傷んでいる可能性も高い。紫玉ねぎって買う人があまりいないから、鮮度が落ちてたりするんですよね。皮をむいてみて、庖丁を入れてみて、「あ、傷んでる……」。それだけは、難点。非常に残念。まあ、インド気分を味わいたいなぁ、というときなら、チャレンジする価値はありますよ。

にんにく

☑欧風　☑インド　☑ファイナル

にんにくを選ぶときは、ぜひ、触りましょう。全体的に丸く、外側から指で少し押したときに硬くて、ズシリと重いのがいい。

一般的には、頂点の頭の部分が閉じているものがよしとされていますが、僕は、その皮が破れはじめ、それぞれの実が開き始めているものを選びます。開ききってしまっているのは古い証拠。あくまでも開き始めていることがポイント。要するに実と実の間の割れ目が少し見えている状態です。

昔、キノコ農家を取材したときに、「キノコは全般的にカサが開き始めた状態が、一番味が強くておいしい」と聞いたことがあります。僕はにんにくでもその理論を信じている。しかも、開き始めのにんにくは、調理する時にも皮がむきやすくて便利なんです。一石二鳥。

しょうが

☑欧風　☑インド　☑ファイナル

しょうがは、ヒネしょうが（老成生姜）がおすすめ。新しょうがを収穫して、すぐに出荷せずに寝かして翌年市場に出回るケースが多い。新しょうがは鮮度が良い分、華やかで繊細な味ですが、あまり加熱に向いていない。ヒネしょうがは風味が力強いため、カレーのように強い火力でガンガン炒めるような調理に向いています。

選ぶときのポイントは、とにかく、丸々と太っているのがベスト。とにかく太っているのを選ぶ。クラスで一番のおデブちゃんがおいしい。たいていどんなスーパーでも数秒で見つけられます。
にんにくもしょうがも、スーパーには便利なチューブが売ってますね。「生のにんにく、しょうがを買うのは面倒だから、チューブですましちゃおう」なんて考える人は、もうカレーつくるのを諦めてください！　嘘です（笑）。でも、それくらい味は違います。生を買ってくださいね。

セロリ

☑欧風　☑ファイナル

セロリを買うときには、僕はいつも心が躍ります。セロリが大好きなんです。なんといっても香りがすばらしい。ただ、店頭で香りをクンクンかいでたら、変態扱いされてしまいます。セロリを選ぶときに僕が最も気にすることは、茎の部分です。茎が太く、美しい白色をしていて、筋がはっきりしているものは、おいしい。

煮込みに使う場合は特に葉よりも茎から風味が出ますから、ここがチェックポイントです。葉はもちろん、鮮やかな緑色をしていてパリッと瑞々しければなおよい。葉の先の方が切りそろえてあるものはちょっと残念な気持ちになりますね。そこも香りがいいのに。

1本ごとにむいた茎を小包装して売っていることもありますが、2〜3本、もしくは、房の状態で売られていたら、そっちを買っちゃいましょう。少し余るくらい買っても他の煮込み料理に使えますから思い切りよく買いましょう。暇さえあればチキンブイヨンなどのスープを取る我が家では、セロリは大切な常備野菜です。

にんじん

☑欧風　☑ファイナル

実を言うと、僕は、にんじんが好きじゃありません。特に大き目のひと口大に切ったにんじんが、カレーの具としてゴロゴロと入っていると、どうしても眉をしかめてしまいます。幼いころからそうでした。だから、昔は、家のカレーを自分で盛り付けるときには必ずにんじんをよけてました。

ただ、にんじん特有の甘味は好きなんです。だから、にんじんは、具にするよりもベースにする方が自分の好みに合っています。にんじんは炒め玉ねぎの香味や甘味を増幅させる効果があります。

おいしいにんじんを見つけるときのポイントは、まず、上部の茎の部分をチェックしてください。ここが黒ずんでなくてきれいで、直径が小さいと新鮮で肉質がいい証拠です。

ほかには、ヒゲがあまりに出ているものは育ちすぎ。食べごろは過ぎています。表面がつややかなものはたいていおいしいですね。具として食べるのでないにんじんも、品質には気を遣いたいですね。

ホールトマト

☑インド　☑ファイナル

缶詰のホールトマトは便利です。理由は大きく2つ。1つは年間を通じて味が安定していること。もう1つは、加熱処理されていること。

トマトは生が一番おいしいのも事実。でも、産地や時期、ブランドなどによって味がさまざまなんです。運よくおいしいトマトを入手できればカレーはおいしくなります。ただいつもそうとは限らない。この前はおいしくできたのに今回はイマイチ、なんてことを避けるためには、ホールトマトは適してます。

加熱処理されていることのメリットは、調理のページでくわしく説明していますが、生のトマトよりも炒めて水分を飛ばしていくのに適しているんです。

選ぶときは、缶に記載された原材料表示を見てください。理想は、原材料が「トマトのみ」のもの。塩や砂糖、他の保存料、調味料などが入っているものは味がブレます。

トマト缶といえば、カットトマトを使っているという人もいるかもしれません。でも実は、カットトマトとホールトマトは、使っているトマトの種類が違うのです。カットトマトはさっぱり味。ホールトマトのほうが深みのある味なのでこっちのほうがカレーに適しています。これ、意外と知られていないんですが、大事なことです。

トマトコーナーには、さまざまな加熱済みトマト商品が並んでます。トマトピューレ、トマトペースト、トマトジュース、トマトケチャップ……。今挙げた中で言えば、トマトケチャップだけが別物です。

肝心なのは、原材料。トマトだけでつくられているかどうか。トマトケチャップを使ってしまうと、カレーに余計な味が混ざりすぎてしまいます。僕はトマトピューレは好きで、よく使います。炒めて水分を飛ばし、ペースト状にしていくのが楽だから。

ただ、めんつゆと同じで濃縮加減が商品に

よって違うので、使用する時には、分量を調整する必要があります。

塩

☑欧風　☑インド　☑ファイナル

塩は、すごく大事。すごく、すごく、大事なんです。が、まあ、基本的には自宅にある塩で大丈夫です。塩の種類も大事ですが、**もっと大事なのは塩加減です。**つくるときに気を付ければOK。海塩や岩塩など、とれた場所やブランドによる違いは、カレーの味に影響します。好みの味の塩を使ってください。

粗塩があったり、パウダー状のものがあったりします。これは、分量に影響します。粒の細かい塩と粗い塩は小さじ1をすり切りではかった時に塩分濃度が違う。これはつくり方のところで説明します。

油

☑欧風　☑インド　☑ファイナル

油は、まあ、いつも使っているもので構いません。新しく買うなら、なるべく体にいい油を。判断はまかせます。

僕は、基本的に自宅で自炊する時には、紅花油、オリーブ油、ごま油の3種しか使いません。少々こったカレーをつくるときには、マスタード油、ココナッツ油なども使いますが。ただ、今回のカレーの場合、オリーブ油やごま油を始めとする、**フレーバーの強い油は避けたほうがいいでしょう。**油の風味が邪魔してしまうから。

意図的に使うのでなければ、**紅花油やキャノーラ油などの風味の弱い油がおすすめです。**ちなみに紅花油は発煙点が高いため、かなり強い火力で炒め物をしても大丈夫だという、頼もしい点も気に入っています。ま、自己満足の世界です……。

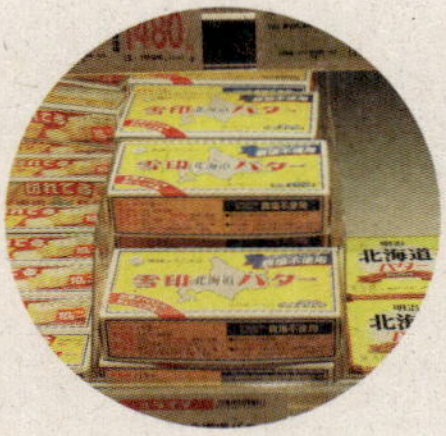

バター

☑欧風　☑インド　☑ファイナル

バターは、バターを買ってください。つまり、**マーガリンは絶対に禁止。**必要なのは乳脂肪分なんです。あとは、できれば、**食塩不使用のものがいい。**カレーをつくるときに塩は加えますから、バターに余計な塩分が入っていると計算が狂います。でも、なければ普通のでかまいません。その分、塩加減を調節します。

10g単位で切れてるやつとか、便利ですよね。計量しなくていいし。

しょう油

☑欧風　☑ファイナル

しょう油は、普段、ご自宅で使っているものでよい。気にするとしたら、原材料。しょう油は、本来、「麦、大豆、塩、水、麹菌」でつくられます。**本醸造方式でつくられているのが理想です。**

大手メーカーの商品の中には、脱脂加工大豆（大豆油を取った残りカス）が使われているものがあります。原価が安く短時間でしょう油をつくるのに適していますが、オススメはしません。化学調味料（アミノ酸等）が入ったものや醸造アルコール、合成甘味料などが入ったものも……。ま、でも、好みでいいです。ただ、味わいの濃さは商品ごとにバラバラですので、薄口しょうゆやたまりしょう油などの場合は、味を見ながら加えましょう。

はちみつ

☑欧風　☑ファイナル

はちみつをカレーに加えたいのは、甘味だけではなく風味もほしいからです。レンゲやアカシアなどスタンダードなものから、マヌカハニーのようにちょっと個性の強いものまで、風味はさまざま。はちみつは隠し味ですが、はちみつの種類を変えるだけでいつものカレーの印象が変わるもんです。自分の好みのはちみつを買ってください。ちなみに僕は、クセの強い香りがするはちみつが好きです。

ローリエ

☑欧風　☑ファイナル

肉を煮込むときにローリエがあると、とっても頼もしい。いい香りがしますよね。でもね、考えてみてください。ただの葉っぱですよ。ただの葉っぱを1枚、2枚加えて煮込むだけで、思わず目を閉じてしまいたくなるほどいい香りが漂ってくる。スパイスってすごいな……、と思います。ここでいうローリエは〝月桂樹の葉〟です。別名をベイリーフとも言いますが、インドでベイリーフといえば、〝シナモンの葉（シナモンリーフ）〟のことを指します。シナモンリーフは手に入りにくくて、あまり香りも強くないので、ローリエがおすすめです。

赤唐辛子

☑欧風

一番メジャーなのは、「鷹の爪」ですね。たいてい野菜コーナーかスパイスコーナーに売ってます。輪切りのものや粉砕したものもありますが、必ず丸のままの状態のものを買ってください。香り高い〝種〟の部分が大事だからです。

プレーンヨーグルト

☑インド

プレーンヨーグルトは、プレーンですから、加糖でないものが前提。あとは好みにお任せします。

原材料表示は見たいところ。生乳１００％のものがベスト。たまに生クリームが入っているものがあってそれはそれで悪くない。でも聞いたことのないような材料が列記されていたりしたら、やめておいたほうがいいかも。必ずそうとは言い切れませんが、なんとなく値段の高いものはそれなりに質が良くておいしいものが多いです。

レモン

インド

レモンは、レモンを買ってください。つまり、レモン果汁商品ではなく生のレモンを使いたいですね。その方がおいしいですから。外国産、国産といろいろありますが、レモンは香りで選びましょう。鼻を近づけてクンクンやります。いくつかを手に取ってクンクンとやり、一番香りのよさそうなのを買い物かごに入れる。なんかその仕草だけでイッパシの料理人になったような気分になれるもんです。いい香りがするものは中の熟成も進んでいる。店頭でレモンを嗅ぐのはさすがにやりづらいという人は、見た目が艶やかで重みのあるレモンを選びましょう。

僕はあまり気になりませんが、レモンって絞るときに外側の皮からも香りや汁が発生します。だから、農薬を使っていたりするものだと料理に入ってしまう可能性がなくはない。有機無農薬のものを選ぶとか産地で選ぶとか気を遣ったほうがいいかもしれません。使う前に少し洗うとかね。

ちなみに、面倒な時には、僕もレモン果汁商品を買うことがあります。ただし果汁商品は、使い切らないと劣化が早いので危険です。

スパイス

☑インド　☑ファイナル

さて、いよいよスパイスコーナーでスパイスを選ぶときのポイントです。

これは切ない事実ですが、スパイスコーナーには、たいてい人がいませんから、ゆっくり探すことができます。たいていのスーパーは40〜50種類程度のスパイスを取りそろえているんじゃないかな。でも、カレーをつくるときに大切なスパイスは、その中の10に1つ程度。実際、この本のカレーに使うスパイスは、たったの4種類だけなんです。

まずは、一番探しやすい**ターメリック**から。ウコンですね。ターメリックは黄色いから、瓶を見て黄色い粉を見つければいい。ターメリックを置いていないスーパーというのは考えにくい。

次に**クミン**。これも必ずあります。クミンシードっていうのも売っていますが、それではありません。「シード(種)」とついてたら、パウダー状になっていない丸のままの状態のものを指すから注意。ほしいのは、クミンパウダーです。こちらは乾燥したクミンシードを粉にしたもの。

そして、クミンと同じくらい大事なのが**コリアンダー**。コリアンダーというのは、香菜(シャンツァイ)とかパクチーとか呼ばれることもあります。そう聞くとあの緑色の葉っぱをイメージするかもしれません。探したいのは、コリアンダーシードのパウダー。クミンと同じで種を挽いて粉状になっているものです。ここまでは、悩むことはありません。

見つけてカゴに入れるだけ。

最後の**レッドチリパウダー**を探すときだけ、少し難易度が高まります。レッドチリは赤唐辛子。これは探す時にいくつか注意したい点がある。まず名前。「レッドチリ」となっていればそれでＯＫ。でも、「カイエンペッパー」と唐辛子の種類の名前で書かれているものもあります。チリなのに名前はペッパー。ややこしいですね。でも、この「カイエンペッパー」として売られているものは意外と多い。

間違えないようにしてほしいのは、「チリパウダー」ってやつ。これは、レッドチリパウダーとは別のものなんですね。非常に紛らわしい……。チリパウダーっていうのは、南米料理なんかに使われるもので、ミックススパイスです。レッドチリ以外にクミンとかいくつかのスパイスが混ざってます。これでも悪くはないけれど、混ざってる分、レッドチリの香りが弱まってしまう。心配だったら原材料表示を見てください。唐辛子のみのものが正解です。

じゃあ、唐辛子の粉っていうんなら、一味

唐辛子でもいいんじゃないか、と思うかもしれません。ところがこれはあまりおすすめしません。一味唐辛子は完全な粉状になっていない。粉砕した粒子が粗いんですね。だから、炒める時に玉ねぎなどのベースとうまくなじまないんです。

唐辛子は辛いから苦手、という人は、ここでレッドチリパウダーの代わりにパプリカパウダーを買っておいてください。

そもそも、スパイスは鮮度が命。コーヒーの豆と同じです。製造加工日から日が経てば経つほど香りは弱くなります。だから、棚にスパイスの瓶が複数並んでいたら、加工日や賞味期限を見比べてなるべく新しいものを買いたい。ただ選択の余地はあまりないかもしれません。

これは、ここだけの話ですが、スパイスメーカーの営業さんは、布きれを持ち歩き、スーパーの棚に置かれた自社のスパイス瓶を拭いて回ることがあるそうです。要するに、買う人が少ないから瓶が埃をかぶる。それくらい商品が動かない分野なんですね。悲しい現実……。

みんながもっとスパイスカレーをつくればいいのに。だから、このレシピでどんどん実践しましょう。

赤ワイン

☑欧風

最近は、スーパーやコンビニのワインの品ぞろえが充実しています。〝クッキングワイン〟と呼ばれる料理酒がありますが、せっかくなら、そのまま飲んでもおいしいワインを買いましょう。

　というか、料理に使うワインを買うときには、自分が飲みたいワインを選ぶのがいい。だって、たいてい余りますから。ワインは酸化が進みやすいので、「半分余ったから来週使おう」ってわけにはいかないんですね。余った分は飲み干す！　だったら好きなワインにしたい。

　カレーに使うワインだから、ちょっと重めの味わいを選ぶほうがいいと思います。一概には言えませんが、たとえば、フランスならボルドー産とか。でも僕はフランスブルゴーニュ産のワインを買っちゃいます。ブルゴーニュワインが好きだから。

　他のワインに比べて少し割高ですが、それでも2000円前後で買えるものもありますよ。赤ワインをチビチビやりながら料理するのって、幸せ感じます。

梅酒

☑ファイナル

梅酒を自宅で飲むという人は、キープしている梅酒を使いましょう。なければ買いますが、なんでも構いません。僕はなんとなく、色の濃いものを選ぶ傾向にあります。これは、個人的に好きなシングルモルトのウィスキーに影響されています。色の濃いウィスキーは、シェリー樽でまろやかな甘味に特徴のあるものが多い。要するに梅酒も甘味や風味の強いものの方がいいんです。豚肉をマリネしたときに存在感を発揮してくれますから。

　梅酒がない、という方は別の酒でも構いません。ビールや日本酒などのバリバリの醸造酒はちょっと合わないかなぁ。ワインなら赤よりも白がよさそう、でも、そんなにおすすめしません。いいのは、カシスをはじめとする果実酒やカンパリ、アマレットなどのリキュール類がいいですね。あ、でも、これらは梅酒よりも手に入りづらいのかも。ウィスキーやコニャック、ブランデーなどもいいですが、アルコール度数が高いので、使うなら控えめに。焼酎もいいです。ただ、個性が強く出すぎてしまうかもしれません。

そう考えると、やっぱり少々面倒でも梅酒を手に入れてもらうのがいいですね。色んなお酒を試しましたが、このレシピには梅酒が最適です。

コンソメ（チキンブイヨン）

☑インド　☑ファイナル

コンソメは鶏ガラと香味野菜から自分でつくるのがベストです。これにかなうものはありません。が、さすがに手間がかかりすぎますよね。市販の顆粒のものでＯＫです。

サイコロ型に成型され、一つずつ梱包されているような商品もありますが、ボトルに入っている顆粒状のもののほうが使いやすいと思います。また「コンソメの素」ではなく、「チキンブイヨンの素」とか「鶏ガラスープの素」などと書かれた商品でもＯＫ。味わいはそれぞれ微妙に違いますが、いずれにしても目的は、だしのうま味を強めることですので。

カレールウ

☑欧風　☑ファイナル

　オススメのカレールウはありますか？　本当によく聞かれる質問です。そして、本当に本当に答えに苦しみます。なぜなら、おいしいカレールウというのは、幼いころに食べてきた銘柄によって決まるものだからです。

　たとえば、僕の場合、ハウス「ザ・カリー」。だから、これを使うと今でも実家のカレーを思い出します。

　でも、今、一番よく使っているのは、エスビー「ディナーカレー」。クオリティが高く、個性が強すぎないカレールウなので、安心して使える定番の味、といった感じ。でも、グリコ「熟カレー」で育った人はそれがベストだし、昔は全国の家庭の半分はハウス「バーモントカレー」という時代もありましたしね。

　カレールウ選びに正解はありません。ただ、「それでも何かオススメを……」と聞かれたら、こう答えることにしています。「値段が高いルウがおいしい」。こんなこと言ってしまったら、元も子もありませんね。でも、これは事実なんです。なぜか？　原材料にいいものを使っているからです。必然的に価格が上がる。具体的に言えば、ハウス「ザ・カリー」、エスビー「ディナーカレー」、グリコ「ZEPPIN」はうまいです。カロリーハーフといったヘルシー志向のカレールウもありますが、オススメしません。カレーを食べるのにカロリーを気にするなんて、ナンセンス（笑）。おいしいカレーを食べた分、翌日は、ジョギングでもしましょう！

買い物リスト

欧風	インド	ファイナル	
✓			・牛肉
	✓		・鶏肉（もも）
		✓	・豚肉（肩ロースor豚ばら）
✓	✓	✓	・玉ねぎ
✓	✓	✓	・にんにく
✓	✓	✓	・しょうが
✓		✓	・にんじん
✓		✓	・セロリ
	✓	✓	・ホールトマト
✓	✓	✓	・塩
✓	✓	✓	・油
✓	✓	✓	・バター
✓		✓	・しょう油
✓		✓	・はちみつ
✓		✓	・ローリエ
✓			・赤唐辛子
	✓		・プレーンヨーグルト
	✓		・レモン
	✓	✓	・スパイス ターメリック レッドチリパウダー（もしくはパプリカパウダー） クミン コリアンダー
✓			・赤ワイン
		✓	・梅酒
	✓	✓	・コンソメ（チキンブイヨン）
✓		✓	・カレールウ